诚挚感谢中欧班列公司——武汉汉欧国际物流有限公司对本书出版的大力支持！

黄鹤楼童话故事

——一个产生实效的讲好“中国城市故事”的创新模式

周　俊　编著

中国出版集团
東方出版中心

图书在版编目(CIP)数据

黄鹤楼童话故事:一个产生实效的讲好“中国城市故事”的创新模式 / 周俊编著. —上海: 东方出版中心,2018.7

ISBN 978-7-5473-1288-9

Ⅰ.①黄… Ⅱ.①周… Ⅲ.①黄鹤楼—介绍 Ⅳ.①K928.74

中国版本图书馆CIP数据核字(2018)第102733号

责任编辑 朱荣所 李梦溪

封面设计 钟 颖

黄鹤楼童话故事

——一个产生实效的讲好“中国城市故事”的创新模式

出版发行: 东方出版中心

地 址: 上海市仙霞路345号

电 话: (021)62417400

邮政编码: 200336

经 销: 全国新华书店

印 刷: 杭州日报报业集团盛元印务有限公司

开 本: 890mm×1240mm 1/32

字 数: 135千字

印 张: 6.5

版 次: 2018年7月第1版第1次印刷

ISBN 978-7-5473-1288-9

定 价: 35.00元

▲ 德国明斯特大学副校长邓茨教授：
我非常喜欢《黄鹤楼童话故事》所阐述的东方哲学思想和精美的绘画设计，这是非常好的馈赠佳品。我们也非常乐意加强和武汉这座大学城的合作交流，充分发挥大学在城市功能建设上的作用。

◀ 德国杜伊斯堡市市长林克（右）：
《黄鹤楼童话故事》的思路和做法非常值得我们学习借鉴，我们应该向武汉学习！

▲ 德国环保部部长舒茨（右，时任北威州创新科研部部长）女士：
我非常喜爱《黄鹤楼童话故事》的创意，它让我第一次认识了解了武汉这座城市，看到了一个充满活力、勇于创新的武汉。

◀ 德国杜塞尔多夫孔子学院院长培高德博士（左）：
《黄鹤楼童话故事》在解决汉语学习教材“幼稚化”问题上提供了一个很好的思路。希望更多城市学习《黄鹤楼童话故事》创作团队创新务实的调研精神，更好地传播中国文化。

▶ 德国资深媒体人穆斯霍特博士：
《黄鹤楼童话故事》非常巧妙地通过对中国传统文化的诠释来破解世界认识中国的现代难题，是讲好中国故事的典范，充分发挥了中国传统文化的战略资源作用。

▲ 德国明斯特市市长维汉姆松（右二，左一为明斯特大学马克博士，左二为公共外交活动家余熙）：
《黄鹤楼童话故事》作为德国市场第一本中国城市童话故事书，让德国小朋友认识了解中国文化，民心相通从娃娃抓起，这对丰富和促进“一带一路”文化交流有创建性价值和重要的现实意义。

◀ 德国童话故事博物馆馆长汉娜博士：博物馆非常荣幸地收藏了这本唯一来自中国的城市童话故事，希望更多德国小朋友通过这个故事认识了解中国和中国文化，喜欢上黄鹤楼和武汉。

▲ 德国小学教师贝格斯：
《黄鹤楼童话故事》是一本深受小朋友喜爱的课外读物。

▲ 周俊博士受邀在全国对外传播理论研讨会上作报告，受到与会专家学者的一致好评。

▲ 全国政协委员屠海鸣在人民大会堂发言：
《黄鹤楼童话故事》是讲好中国故事的成功案例。

▲ 全国人大华侨委员会副主任令狐安（右）：“一带一路文化先行”，《黄鹤楼童话故事》在助力“一带一路”文化传播中起到了典范作用。

▲ 湖北省副省长万勇（左，时任武汉市委副书记、市长）：武汉文化走向世界，需要像周博士这样融贯中西的智库人才参与。

▲ 清华大学新闻传播学院常务副院长陈昌凤（左）、复旦大学国家文化创新研究中心主任孟建（右）：黄鹤楼模式值得学习、借鉴、推广。

▲ 北京大学国家战略传播研究院院长程曼丽（右）：《黄鹤楼童话故事》为中国文化走向国际市场在战略传播和实践路径上做了一次非常了不起的探索实践，非常值得学习、借鉴和推广。

▲ 编者在海外华文传媒协会年会上作报告，受到来自世界各媒体的老总好评。

▲ “中华文化国际传播创新与实践学术研讨会”在德国召开，会上中华文化学院副院长袁莎对《黄鹤楼童话故事》在发挥传统文化的战略资源作用、在新时代条件下实现中华文化的创造性转化和创新性发展给予了高度评价。图为袁莎副院长、吴剑平主任、王珍教授、林娅妮老师、董彪博士（从右五至左一），沈桂萍教授（左四）等在研讨会上合影。

▲ 湖北大学新闻传播学院党委书记边湘义（右三）、院长助理聂远征（右二）、传播系主任黎明（右一），德国明斯特大学社会学系陆瑞吉博士（左一）、社会学系常务主任马克博士（左二）在《黄鹤楼童话故事》德国研讨会上合影。

▲ 复旦大学国家文化创新研究中心主任孟建教授（右一）、张大伟副教授（左一）、张殿元教授（左三），德国明斯特大学社会学系常务主任马克博士（右二）、周俊博士（左二）在“战略传播：理论创新与实践路径”国际学术研讨会上合影。

▲ 人民日报海外拓展部总经理夏远祥（左）和总监周军（右）：黄鹤楼模式对我们开拓海外市场有学习借鉴价值和意义。

◀ 德国杜伊斯堡孔子学院院长刘靓教授（右）：
欢迎《黄鹤楼童话故事》走进孔子学院，开设讲座。

▶ 编者（左）与中国驻德国杜塞尔多夫总领事冯海阳（右）

▲ 编者（右）与中国驻德国杜塞尔多夫副总领事田启儒（左）

▲ 编者在湖北大学新闻学院作报告。

▲ 编者（左二）与湖北大学新闻学院院长助理聂远征（左一）、院长廖声武（右二），湖北电视台总编辑向培凤（右一）合影。

作者简介

周俊博士，德国明斯特电视台中国部总监、德国明斯特中国研究中心主任、湖北大学新闻传播学院客座教授，知名社会学家、社会活动家和资深媒体人。长期以来一直从事德中城市管理对比研究和中国城市国际品牌策划，撰写了大量颇具影响力的文章，是一位理论功底深厚、具有丰富经验和颇有见解的实力派学者，尤其在德中城市管理研究中取得了许多前瞻性的成果。周俊博士撰写的论文不仅在国内众多媒体发表转载，而且吸引了国内城市相关部门前来德国考察学习，并把这些先进的管理经验运用到实践管理中去。2013 年浙江省派出 25 名由市长、市委书记组成的研修班在她的课题组学习、研究

德国城市可持续性发展和新城镇建设经验，为浙江特色小镇模式的创建提供了有益的借鉴。

在中国文化对外传播领域，周俊博士首次提出并实践用讲故事的方式介绍中国，首次提出中国文化对外传播由粗放式向精细化转型的思路，编译出版了德国市场第一部城市童话故事——《黄鹤楼童话故事》，并首次将习近平主席提出的调研决策机制运用到中国文化的对外传播中，被传媒界高层誉为理论创新、实践创新的新标杆。

国内政府、媒体及学术机构经常邀请周俊博士回国授课，介绍德国政府创新管理、城市形象策划、城市和企业品牌国际营销，以及中德城市管理对比。

周俊博士曾在国内某电视台任采、编、播一体的电视节目制作人，其制作的电视专题曾获全国大奖。出国后，在进行德国社会发展状况学术研究的同时，一直致力于中德文化的交流工作。2004 年和周进创办德国首个中国电视栏目，成功策划了一系列中德文化交流活动，不仅在中德合作和交流上开拓了新的领域和先河，而且形成了独特的模式和发展思路，受到了中德双方高层人士的高度赞扬和肯定。

从拍摄纪录片《汉斯在武汉》开始，到《俞正声访谈录》的制作播出，再到随后组织德国新闻代表团成功访问湖北，并在北威州议会举办听证会向北威州高层推介湖北，再到促成湖北高层代表团访问北威州，周俊在湖北与北威州之间成功地搭建了一个平台，在北威州政界更是留下了“一部纪录片将德中两个州省联系到一起了”的美谈。

在组织发起的为四川灾区募捐的活动中，周俊将德国各民间团体、社会各界和中国侨团团结起来，德国市长与华人一起走上街头为地震灾区募捐，在德国上演了一场中德募款的感人场景。在德期间，周俊博士撰写了一系列关于世界上生活质量水平最高的城市——德国明斯特在城市可持续性发展、城市形象设计、城市环保和交通管理等方面经验的文章，这些文章不仅在国内众多媒体发表转载，而且吸引了国内一些城市相关部门前来明斯特考察学习，并与该市建立合作关系，一些沿海城市把这些先进管理经验运用到实践管理中去。通过媒体的双向报道，促进了德中双方城市的相互了解和合作。周俊也曾受邀在北威州议会德中交流会议上对这些成功的合作经验作过介绍。德国国家电视一台、德国国家电视二台、西德电视台 WDR、RTL、SAT1、PRO7、N24、《图片报》、《威斯特法伦新闻》、《明斯特日报》和广播电台等来自全德的众多媒体也曾采访报道过。

明斯特第一市长提尔曼博士称："周俊、周进姐妹是明斯特的民间外交大使。"马灿荣大使对她们长期以来做的大量卓有成效的工作给予了高度肯定和评价，并亲笔题词："衷心感谢周俊、周进姐妹为促进中德人民间的相互了解和友谊所做的杰出工作！为中国传统文化走向世界所做的积极努力和探索！"

摘编自《世界华文传媒年鉴》

目　录

前　言

“一带一路”文化先行，民心相通从娃娃抓起

中国前驻德大使　马灿荣

严格意义上来讲，这不是一本书，也不是写故事，而是一个项目落地的总结和评估，是介绍如何向世界讲好中国传统文化的创新试点。

习近平主席说，优秀传统文化是中华民族的精神命脉，是最深厚的文化软实力，要从国家战略资源的高度继承优秀传统文化，从推动中华民族现代化进程的角度创新发展优秀传统文化，使之成为实现“两个一百年”奋斗目标和中华民族伟大复兴中国梦的根本性力量。

而如何把跨越时空、超越国度、富有永恒魅力、具有当代价值的文化精神弘扬起来，如何把既继承优秀传统文化又弘扬时代精神、既立足本国又面向世界的当代中国文化创新成果传播出去，向世界讲好中国传统文化故事，破解世界认识中国的现代难题，丰富和促进“一带一路”文化先行战略，是大家面临的课题和挑战。

周俊博士和她的团队在十多年理论研究的基础上，不断探索总结，最终筹备一年，创作编译两年，历时三年，编译出版了德国市场首部中国城市童话故事——《黄鹤楼童话故事》。

《黄鹤楼童话故事》在传播理念上为构建有效的话语体系，首次用社会统计学调研方法对传播对象进行调研分析总结；在传播方式上，首次用大数据对传播对象采用互动的垂直营销并建立数据库；在传播能力创建上，首次让中国城市童话故事走进德国图书馆、学校，践行着民心相通从娃娃抓起，在中国文化对外传播理论和实践上有所创新突破，受到德国政界、文化界、教育界、学术界、媒体、青少年等各方好评。

当然创新也并不是一帆风顺，尤其是将中国传统文化跨越历史、文化语言、意识形态等障碍向外国人讲清楚，让他们听得懂、愿意听，这项工作难度更高，任务更艰巨，因为这不是简单的文字翻译，更不像中国菜肴的介绍，有色香味形感官的吸引。她们在找准公约数，融通中外的试点过程中也经历了常人无法想象的困难和挫折，我对她们的坚持和坚守表示由衷的敬意！

我也希望这本中文书的出版能给更多城市在国际上讲好城市文化故事带来更多的启迪和借鉴，通过城市文化的交流传播，增强“一带一路”倡议的吸引力，推动我国与沿线各国全方位、多领域的交流与合作，从而促进各领域的合作共赢、互利共荣。

1 一个产生实效的讲好“中国城市故事”的创新模式

如何对他国读者讲好“中国城市故事”？周俊博士及其团队给德国人讲武汉黄鹤楼的故事，开拓出了一个全新的模式：在对目标市场进行调查研究的基础上，将中国城市故事传说与德国人的日常生活对接，使之成为德国人生活元素的一部分，从故事情节认同走向价值认同、城市认同。产生实效的跨文化传播需要准确把握和使用他国公众感知习惯及视角，并据此选择“表达”的内容元素，创作传播符号文本。运用他国公众可参照、可比较、听得懂的有情感、有情节的方式与内容，用他们习惯的感知视角，使用他们习惯的媒介接触方式和平台，表达中国城市的文化蕴涵及其价值，这才可能是效果比较好，影响力、吸引力、感染力比较强的“中国城市故事”讲述方式。《黄鹤楼童话故事》就创造出这样一种产生了实效的讲“中国城市故事”的新模式。

这个模式既有突出的实效，又有明显的创新。其实效体现在：第一，极大地提升了德国读者对于武汉及其黄鹤楼的认知度。在明斯特大学调查研究中心开展的关于对武汉的认知调研数据表明，通过阅读《黄鹤楼童话故事》这本书，83%的受访者希望有机会到武汉旅游并参观黄鹤楼。第二，该书得到了公众的好评。数据说明，受调查的读者之中，93%的读者喜欢这本书的故事情节，97%的读者喜欢书中的插图，100%的读者喜欢书中对人物的性格刻画，96%的读者喜欢书中所阐述的哲理。这说明，《黄鹤楼童话故事》从内容到形式都受到读者的普遍欢迎。第三，该书所产生的效应还体现在一定程度上改变了德国读者对整个中国文化的认知和理解。调查数据还表明，74%的受访者认为，通过这本书消除了对中国认识的偏见和误解；94%的受访者认为，通过这本书对中国文化有了更多的认识和了解；85%的受访者则希望能够更多地认识了解孕育了《黄鹤楼童话故事》的武汉。第四，深深地打动了一批有重要影响力的人。例如，德国杜塞尔多夫孔子学院院长培高德博士认为，《黄鹤楼童话故事》在解决汉语学习教材"幼稚化"问题上提供了一个很好的思路，能更好地帮助德国人了解中国文化。长期从事汉学教学的德国汉学家珀夫斯教授则称赞：该书"为匮乏的汉学教学市场提供了丰富生动的教材"。小朋友钱德勒和基米兄弟读后说："会跳舞的仙鹤，是我们最喜爱的第二个来自中国的卡通形象，以前我们只知道中国的功夫熊猫。"德国知名童话表演艺术家弗里茨说："在三十多年的表演生涯里，我朗诵表演过世界各地的童话故事，有欧洲、非洲、美洲、亚洲日本的，但中国的童话故事却是第一次，我深深地被黄鹤楼童话故事吸引，接下来计划将它改编成舞台剧，搬上表演舞台。"

《黄鹤楼童话故事》在“讲述”模式上的创新主要有：首先，重视与德国主流社会群体读者的“前理解”视野的融合。德国哲学家海德格尔认为，任何“理解”的先决条件都要由三方面的存在状态构成：一是“先有”。任何人都存在于一个文化中，历史与文化预先占有了我们，而不是我们先占有了历史与文化。这种存在上的“先有”才使我们有可能理解自己的历史和文化。二是“先见”。我们思考任何问题所要利用的语言、观念及语言的方式，构成了“先见”。三是“先知”。所谓先知是指我们在“理解”前已经具有的观念前提和假定。“先有”“先见”“先知”先于人的“理解与感知”而存在。这就是故事感知习惯背后的“前理解”结构。“前理解”由历史而来，并在历史中改变，也像历史一样，还处在一种未完成的开放状态。成功的跨文化传播就是促进叙述者的“前理解”与感知者的“前理解”融合，产生意义，形成所谓“视野的融合”。因此，跨文化传播视角的选择，恰恰要依赖公众自己的“前理解”视野极其开放的能力，最大限度地追求“视野的融合”。正是因为《黄鹤楼童话故事》寻求与德国读者的“前理解”视野的融合，能够突破跨文化传播的理解框架、文化背景、接触习惯等方面的三种“屏障”，形成较好的传播效果。其次，重视市场调研和数据化垂直营销的传播方式。旅德多年的周俊博士既是社会学研究的专家，又是电视传播的里手。她充分运用了社会统计分析的学术优势，对德国市场和德国人的生活方式进行了深度调研。根据他们的文化习惯和阅读方式，采取讲故事的表达方式，构建产品，完成创作，并且开发衍生产品，做数据化垂直营销。

这极大地拓展了《黄鹤楼童话故事》的影响力。再次，以文化之“点”带城市营销之“面”，促进武汉城市文化在德国的推广。早在武汉电视台工作时，周俊博士就创作过《汉斯在武汉》的电视片，从德国人的视角展现武汉城市魅力，产生了良好的效果。而在《黄鹤楼童话故事》的创作与推广过程中，她紧紧抓住德国人喜爱童话的特点，将武汉历史文化传说凝聚、浓缩在“黄鹤楼故事”一个点中，通过对这一文化之点的感知，让德国朋友了解武汉乃至中国。德国明斯特市长维汉姆松认为，《黄鹤楼童话故事》是在德国市场推出的第一本中国城市童话故事书，让德国小朋友认识了解中国文化，民心相通从娃娃抓起，这对丰富和促进“一带一路”文化交流有创建性价值和重要的现实意义。她希望借此书的出版和传播能拉开明斯特和武汉两城青少年间友好交往的序幕。

《黄鹤楼童话故事》及其首创的这个产生实效的讲好“中国城市故事”的创新模式，对于武汉及其他城市，开展面向全球不同区域市场的城市形象国际化传播，无疑具有较大的启示与借鉴意义。

（武汉大学新闻与传播学院教授/博士生导师　吕尚彬）

2 理论创新，实践创新，中国文化对外传播的新标杆

习近平主席说过，要积极传播中华优秀文化，用海外读者乐于接受的方式、易于理解的语言，讲述好中国故事，传播好中国声音。

中新社副社长　夏春平

这里就有个基础问题，如何讲好中国故事，怎样讲，对谁讲，受众的特点和接受方式有什么不同？

要解决这个问题，就需要文化传播者去研究受众，做好市场调研，了解受众的接受习惯，科学分析受众特点，然后运用他们喜爱的传播方式，不断增强文化传播的吸引力和亲和力，这样才能被广大受众喜爱和接受。

这是个基础的问题，又是非常关键的问题，它实际上解决了我们长期以来文化对外传播最大的瓶颈问题。

而恰恰这个最基础和关键的问题一直被很多文化传播者所忽视。在传统的粗放式的外宣市场，一种语言、一种版本的宣传片可以对世界各地受众使用，不管对象是美国人、英国人、德国人、法国人还是非洲人，也不管这些对象是否有不同的文化背景和接受习惯。

我非常欣喜地看到，这种粗放式的对外文化传播模式终于有了新的突破，一种精细和科学化的传播方式在德文版《黄鹤楼童话故事》的试点中有了成功的尝试，理论和实践上都有所创新，具体体现在：

一、用科学的态度推动对外文化的传播，采用国际调研机制，用所在国的语言和方式讲述中国故事。在传播文化前，先做市场调研，了解市场需求，做到有针对性，避免主观盲目。这样，既传播了我们的优秀文化，又达到了受众接受和喜爱的效果。

具体到《黄鹤楼童话故事》，前期通过问卷调查，了解西方民众对中国文化认识存在哪些误解和偏差；然后通过科学的统计分析，找到问题的症结；随后组织传播学家、中德文化对比研究专家、汉学家、儿童教育专家（因为这是本童话故事书）、童话故事研究专家、城市形象和文化研究专家等相关专家学者及小朋友举办座谈会，倾听他们的意见和建议，最后在保留中国传统文化原味的基础上，用德国人喜爱、易接受的传播方式进行介绍。

二、首次使用了大数据和垂直营销的传播方式。采用社会化低成本垂直营销即定质定量的传播方式，既让受众认知了解了传播内容，又听取了很好的意见和建议，增强了传播和受众的互动。

三、传播效果的明晰化。通过社会化低成本垂直营销、大数据调研方式的运用，最后达到传播效益的明晰化。传统的传播效果研究比较抽象和概念化，比如“在海外某媒体报道了”，“报道很成功”，“受到欢迎”，至于受到什么欢迎，欢迎到什么程度，没有可圈可点的数据说明，而在《黄鹤楼童话故事》案例中，首次使用数据和案例说明，让传播效果明晰化了，更具务实精神。通过宣传，不仅树立了黄鹤楼和武汉的国际市场品牌，而且还取得了非常多意想不到的效果，具体体现为：

1. 传播了中国传统文化，消除了对中国认识的误解和偏见。比如，对大多数德国人来说，这是他们所看到的第一本关于中国城市的童话故事，阅读时充满了好奇和喜悦，很多读者看后说，一定把它作为礼物送给自己的孩子，这种图文并茂的形式会让孩子们更好地认识了解中国传统文化，消除了以前认为中国没有童话故事的偏见和误解。

2. 树立了武汉国际城市新形象——一座具有创新意识，充满活力的城市。如北威州创新科技部部长舒茨说的，她本来不了解武汉，而通过这本书，她看到武汉这座城市的创新意识，因为武汉知道该怎么打破传统，用德国人喜爱的方式推介自己的城市，所以她希望今后有机会加强和武汉的合作。

3. 成为德国学习的典范。德国一些城市的市长及管理者则从《黄鹤楼童话故事》案例的营销模式受到启发，他们说这种通过对所在国受众先调研然后用当地语言介绍城市文化的经验很值得他们学习和借鉴，他们也希望用中文把自己城市的故事介绍给中国读者。

4. 为国际交流升级合作奠定基础。《黄鹤楼童话故事》不仅向德国成功推介了黄鹤楼及武汉市，而且为武汉市在“一带一路”中所承接的国际使命赋予了新的内涵和创造了新的机遇。在对德国高层的宣传推介问卷调查过程中，他们频频收到对本书及武汉市宣传创新思路的高度评价（97%以上的德国受众都是第一次看到来自中国的童话故事，他们认为通过这本书认识了一个富有开放创新精神的武汉），从德国总理府、部长到市长……不仅给予了非常积极的肯定和赞赏，而且为深化落实武汉市将来与德国的合作提供了建设性的意见和建议。杜伊斯堡市长林克通过这本书，准备与武汉开展“一带一路，友城共进”的合作项目；德国明斯特大学副校长邓茨教授通过这本书，了解到武汉也是一座大学城，和明斯特一样，他们也很愿意把大学城建设的经验介绍给武汉，促进双方大学城的建设；欧洲环保行业协会主席哈仁康普先生希望在武汉建成中国首家德中青少年环保培训基地。

5. 为匮乏的汉学教学市场提供了丰富生动的教材。长期从事汉学教学的汉学家珀夫斯教授说，汉学教学市场教材面临一个很严重的匮乏和脱节问题，这对中国文化的对外传播造成很大障碍，而《黄鹤楼童话故事》开了一个很好的先河，从内容到形式给人耳目一新的感觉，既把中国传统文化中的勤俭、善良、乐于助人的美德表现出来，又鞭挞了贪婪，而且图文并茂，这对长期从事中国文化对外传播的工作者来说应该是个很好的典范和启迪，德国的教材市场太需要这种好的教材了。

所以说，《黄鹤楼童话故事》的营销和传播模式为今后的中国文化对外传播提供了新的思路，并树立了新的标杆。

同时我要说的一点就是，《黄鹤楼童话故事》能够成功试点，并不是一件很容易的事，它离不开背后周俊博士的创作团队坚持不懈的努力及武汉市宣传部、武汉园林局和黄鹤楼管理处领导的勇于创新实践的精神。

我所认识的周俊博士团队，十多年来一直从事如何将中国文化和元素用科学的方式传递出去，让外国人更好地认识和了解中国的研究工作，也取得了不少前瞻性的研究成果。为了将理论研究付诸实践，她们一直在坚持不懈地努力，碰到不少常人无法想象的困难和挫折，因为创新意识和理念的接受不是一个简单的过程，没有她们的执着和韧性，没有武汉领导的开放、敢为人先的精神，就没有今天大家看到的经过三年时间探索实践的《黄鹤楼童话故事》外宣模式。

（中国新闻社副社长　夏春平）

3　创新文化对外传播　促进国际交流升级合作

中国前驻德大使　马灿荣

我是很认真地拜读了黄鹤楼宣传所采访的每个人物，访谈对象包括政界、教育界、社会学界、媒体人、小朋友等不同职业和年龄的人士。每个人谈了自己的看法和印象，内容丰富，形式多样，可读性强，而且每篇文章都很新颖，让人读后都有收获。可见周俊博士和她的团队下了不少功夫，因为这种就一个问题的访谈，弄不好会内容重复，缺乏新意。

黄鹤楼是武汉市的标志和象征，黄鹤楼更是武汉城市文化的一部分，文化是魂，在黄鹤楼的国际宣传中，把黄鹤楼和武汉城市文化紧紧连在一起，通过黄鹤楼传播模式的创新创意，不仅成功地向各界推介了黄鹤楼，打响了黄鹤楼和武汉的知名度和国际品牌，而且向世界展示“敢为人先，追求卓越”的武汉精神，塑造武汉良好国际城市形象，为武汉与国际城市开展合作奠定基础。从文化传播方式的创新，促进国际城市间交流升级合作，这正是这次宣传的高超和卓越之处。

国与国之间的交往，需要文化的传播和交流，才能让两国人民更好地认识和了解对方，更好地开展合作。

而很多时候由于文化背景的不同、传播方式和手段的不同就会出现这样或那样的误解和偏见。

黄鹤楼宣传模式在对外文化传播中首次采用市场调研和数据化垂直营销的方式及手段，这在对外文化传播中已是非常大的创新。不仅如此，它们通过文化传播在国际项目交流合作上又推进了一步，这是对以往的文化传播的再次创新突破和跨越升级。

我非常欣赏和赞同这种创新，更深知要做到这一步没有深厚的对中德文化功底、综合素质、能力和强烈的社会责任感是很难完成这些工作的。

十多年前，我在担任中国驻德大使期间就已经熟悉了解周俊博士和她的团队。因为她们是做中德城市管理对比研究的，熟悉双边城市的特点和管理模式，除了理论研究，撰写了大量前瞻性的论文，她们本身就是实践的先行者，在中德文化合作和交流方面已做出了很多大家有目共睹的卓越成绩，比如她们从拍摄纪录片《汉斯在武汉》开始，到《俞正声访谈录》的制作播出，再到随后组织德国新闻代表团成功访问湖北，并在北威州议会举办听证会向北威州高层推介湖北，再到促成湖北高层代表团访问北威州，在湖北与北威州之间成功地搭建了一个平台，在北威州政界更是留下了“一部纪录片将德中两个州省联系到一起了”的美谈。她们撰写的一系列关于世界上生活质量水平最高的城市在城市可持续性发展、城市形象设计、城市环保和交通管理等方面的文章不仅在国内众多媒体发表转载，而且吸引了国内城市管理者前往德国考察学习，并把这些先进的管理经验运用到实践中去，为国内两型社会建设和社会管理创新提供了有益的借鉴。她们通过媒体的双向报道，促进了德中双方城市的相互了解和合作。

这次她们推广黄鹤楼文化，更是将自己作为媒体人、学者、社会活动家的实践精神充分运用和展现出来。比如在和杜伊斯堡市长林克谈到黄鹤楼时，她们富有创意地提出“一带一路，友城共进”的方案和设想，不仅延伸了黄鹤楼的合作项目，而且得到德国市长的赞同和首肯，为双方城市深化创新新型合作关系和寻找新的经济增长点奠定了基础。

还有欧洲环保行业协会主席不仅把自己在环保中的管理经验和模式介绍给大家，而且为国际项目升级合作提出设想，希望在武汉建成中国首家德中青少年环保培训基地。

此外，武汉是大学城，明斯特是大学城，国际上大学城的建设有什么特点和特色，有哪些先进的经验值得学习和借鉴，在她们的访谈中都做了分析研究。这些不仅体现了她们作为有责任感的社会学者的担当，同时又把黄鹤楼企业文化服务于城市建设的社会效益充分体现出来。

这也是这一系列访谈中非常吸引我的地方，不仅仅让人看到黄鹤楼是如何赢得良好声誉和评价的，同时也针对武汉城市的特点，介绍了国际上先进的管理经验和模式，这样让交流变成双向和互动，打破了以往的单向和单一性，达到开阔视野、拓展思路的效果。

当然我也特别需要强调一点，也希望国内能涌现出更多像武汉市园林局和黄鹤楼风景管理处等部门有远见卓识的开明领导，有敢于第一个吃螃蟹的精神，大胆创新，在“一带一路，友城共进”中谱写出新的篇章。

（中国前驻德大使　马灿荣）

4　黄鹤楼用童话向世界讲好中国故事

一、设置好的议题，用传统文化讲好中国故事

对外文化传播，议题的设置是核心和关键，因为只有设置好的议题，通过生动鲜活、富有感染力、说服力的中国故事吸引国际社会关注，才能不断增强对外文化传播工作的前瞻性、主动性、针对性、实效性，实现对外文化传播工作新突破，为中国梦的实现营造良好的外部舆论环境。（中宣部副部长　崔玉英）

优秀传统文化中包含着中华民族“最深沉的精神追求”“最深厚的文化软实力”，可以凝聚和打造强大的中国精神和中国力量。要积极传播中华优秀文化，用海外读者乐于接受的方式、易于理解的语言，讲述好中国故事，传播好中国声音。（习近平主席）

《黄鹤楼童话故事》将好的议题和传统文化结合起来，非常巧妙地通过对中国传统文化的诠释来破解世界认识中国的现代难题。

诚如德国资深媒体人姆斯霍特博士评论的，“《黄鹤楼童话故事》不仅是给儿童看的，也是给成人看的，尤其给外国人在认知理解中国问题上提供了新的思路，对消除西方在中国认知的偏见和误解上起到了积极的作用。辛氏的知耻自重，慎独自省，黄鹤楼酒壶‘知足者水存，贪心者水尽’的寓意不仅仅体现在童话故事中，也融入中国人的精神内骨和治国理念中。比如在谈到中国环保雾霾等一些问题时，很多西方评论家总是义愤填膺，毫不客气，充满了偏见和成见。我常常建议他们去好好看看《黄鹤楼童话故事》，看懂了，就会明白中国政府意识到环保问题后，会积极采取措施，不断改善提高生态环境和生存环境，因为他们传统文化精神中具备鉴得失、知兴替的能力，我对此是充满信心的，我对中国梦的实现也充满信心和希望。所以我认为《黄鹤楼童话故事》是讲好中国故事的典范，我也希望有更多更好的这类作品出现”。

《黄鹤楼童话故事》将传统文化当作独特战略资源，置于人类共有精神财富的坐标系中，指出其具有世界普遍文化意义，不仅唤醒传统文化之魅，又赋予其现代化之魂。

二、国际调研决策机制的运用

习近平主席说，调查研究是一门致力于求真的学问，一种见诸实践的科学，也是一项讲求办法的艺术。要坚持和完善先调研后决策的重要决策调研论证制度，把调查研究贯穿于决策全过程，使之真正成为决策的必经程序，不断提高决策的科学化水平。

《黄鹤楼童话故事》首次将调研决策机制运用到中国文化对外传播中。我们前期通过问卷调查，了解德国民众对中国文化认识存在哪些误解和偏差，然后通过科学的统计分析，找到问题的症结，用德国人喜爱、易接受的传播方式进行介绍。

比如在将黄鹤楼故事推向德国市场前，我们通过调研了解到，德国是童话故事之乡，格林童话家喻户晓，而且德国有七十多个城市有自己的童话故事，中国却是空白，所以我们决定将黄鹤楼传说改编成童话故事。

在创作编译的过程中，我们也不是简单地把中文翻译成德文，而是邀请德国童话故事专家、汉学家、社会学家、漫画家及儿童，征求他们的想法和意见，在不改变原创的情况下，儿童故事专家从儿童读物的语言、风格提出建议，汉学家根据德国人学中文的特点、中德故事的编撰异同提出德国人更易接受和理解的方式，社会学家从文化背景的异同剖析故事的内涵和定位取向，漫画家从故事的趣味性、可读性和视觉性着手，让国际儿童更好地理解……在综合了各方面意见后，我们分析总结，寻找出中国故事国际化的讲述方式进行介绍。

也诚如中宣部领导曾在外宣工作会议上强调的，“要重视研究国外受众的接受习惯，善于运用现代化手段和国际通用规则，不断增强对外宣传的吸引力、亲和力”。

正因为我们前期做了调研，所以作品问世后，受到德国政界、教育界、文化界等各界的好评，产生了强烈反响，成为德国童话故事博物馆收藏的第一本来自中国的城市童话故事，填补了德国市场无中国城市童话故事书的空白。

三、科学技术力量的支撑

《黄鹤楼童话故事》传播中首次使用了spss数据分析技术。这也是资深媒体人在《未来媒体的六大特点中》提到的，未来媒体是技术媒体，尤其是在外宣市场，更需要这种大数据的支撑。这种spss数据分析技术在产品进入市场前作分析，可以清晰了解受众的喜好，避免盲目和主观性。只有了解了受众喜好，你才能更好地讲好中国故事，后期的市场统计分析调研，既可了解传播效果，又对市场传播前景做了科学的预测。

四、注重传播效果，且效果明晰化

通过社会化低成本垂直营销、大数据调研方式的运用，达到传播效果的明晰化，最后不仅有翔实的数据说明，更有生动的案例诠释，也为今后更好地传播中国文化提供了科学的决策依据，更具务实精神。

1. 翔实数据说明

在关于对武汉的认知调研中，明斯特大学调查研究中心发出了300份德国高层调查问卷（收到了207份有效反馈，有效率达69%），仅3%的受访者熟悉了解武汉，而通过阅读《黄鹤楼童话故事》这本书，83%的受访者希望有机会到武汉旅游并参观黄鹤楼。

对《黄鹤楼童话故事》的评价

93%的受众喜欢这本书的故事情节，97%的受众喜欢书中的插图，所有受访者均表示喜欢书中对人物的性格刻画，96%的受众喜欢书中所阐述的哲理。这本书，从内容到形式都受到普遍欢迎。

因为是一次跨国界文化传播，它所产生的效应不仅仅是对书本身的良好反馈和评价，对受众有关整个中国文化的认知和理解都产生了深刻而广泛的影响。

74%的受访者认为，通过这本书消除了对中国认识的偏见和误解；94%的受访者认为，通过这本书对中国文化有了更多的认识和了解；85%的受访者希望能更多地认识了解武汉。

2. 生动的案例故事

杜塞尔多夫孔子学院院长培高德博士：《黄鹤楼童话故事》在解决汉语学习教材“幼稚化”问题上提供了一个很好的思路。中国其实有非常多的好的优秀文化，但大多数的德国人并不了解，如果大家都能像《黄鹤楼童话故事》一样，针对德国特点，出版德文版的介绍，会更好地帮助德国人了解中国文化，对我们的汉语教学来说，质量上也会更上一个台阶。希望更多城市学习《黄鹤楼童话故事》制作团队创新务实的调研精神，更好地传播中国文化。

长期从事汉学教学的汉学家珀夫斯教授：（《黄鹤楼童话故事》）为匮乏的汉学教学市场提供了丰富生动的教材。

德国童话故事博物馆馆长汉娜博士：博物馆非常荣幸收藏这本唯一来自中国的城市童话故事，我们要做特别推介。

小学教师贝格斯：《黄鹤楼童话故事》和德国童话《渔夫和金鱼的故事》相近，但又有所不同，形式和表现方式上都很有自己的特色，是一本深受小朋友喜爱的课外读物。

德国书商戴安娜：《黄鹤楼童话故事》是德国儿童图书市场多元化的补充。德国的儿童市场，图书也好，动漫也罢，都被好莱坞文化充斥，大量的美国文化影响着我们的儿童。如果有更多的像《黄鹤楼童话故事》这样的优秀传统中国文化能引进介绍到德国来，也会丰富德国儿童对中国、对世界的了解。

钱德勒和基米兄弟：会跳舞的仙鹤，是我们最喜爱的第二个来自中国的卡通形象，以前我们只知道中国的功夫熊猫。

德国知名童话表演艺术家弗里茨：在三十多年的表演生涯里，我朗诵表演过世界各地的童话故事，有欧洲、非洲、美洲、亚洲日本的，但中国的童话故事却是第一次，我深深地被黄鹤楼童话故事吸引，接下来计划将它改编成舞台剧，搬上表演舞台。

五、紧扣时代主旋律，促进国际项目升级合作

中国前驻德大使马灿荣总结说："《黄鹤楼童话故事》不仅创新地采用市场调研和数据化垂直营销的传播方式及手段，而且通过文化传播在国际项目交流合作上又推进了一步，这是对以往的文化传播的再次创新突破和跨越升级。从文化传播方式的创新，促进国际城市间交流升级合作，正是这次宣传的高超和卓越之处。"

《黄鹤楼童话故事》不仅向德国主流社会成功推介了黄鹤楼及武汉市，而且为武汉市在"一带一路"中所承接的国际使命赋予了新的内涵，创造了新的机遇。在我们对德国高层 300 份问卷的宣传推介中，频频收到对本书及武汉市宣传创新思路的高度评价（97%以上的德国受众都是第一次看到来自中国的童

话故事，他们认为通过这本书认识了一个富有开放创新精神的武汉），从德国总理府、部长到市长……不仅给予了非常积极的肯定和赞赏，而且为深化落实武汉市与德国的合作提供了建设性的意见和建议。

1.“一带一路”铁路终点站掌门人德国杜伊斯堡市市长林克感慨地说，作为武汉友城，武汉出版德文书的做法非常值得我们学习，我们也希望将杜伊斯堡市的童话故事编译成中文。不仅如此，他对我们提出的“一带一路，友城共进”项目方案大加赞赏和支持，不仅主动提出担任德方监护人，而且身体力行，推出了德国首列以中国城市命名的火车——武汉号，而且正在一步步推进落实合作方案。

2. 德国北威州创新科研部部长舒茨欣喜地说，虽然我从没去过武汉，但这本书让我看到了武汉这座城市的创新意识和敢为人先的精神，在推动“中国制造 2025”与德国“工业 4.0”深入对接中，我们希望今后能加强北威州和武汉高校科技力量的合作，因为科技离不开创新。

3. 明斯特市长维汉姆松说，武汉在中德青少年友好交流年推出德国市场第一本中国城市童话故事书，让德国小朋友认识了解中国文化，民心相通从娃娃抓起，这对丰富和促进“一带一路”文化交流有创建性价值和重要的现实意义，希望借此书能拉开明斯特和武汉两城青少年间友好交往的序幕。

4. 德国明斯特大学副校长邓茨教授：武汉和明斯特都是大学城，今后双方可在大学城建设方面加强深入合作和交流，明斯特也非常乐意把大学城建设的经验介绍给武汉，共促“一带一路”大学城建设的进步。

5. 欧洲环保行业协会主席哈仁康普先生：环保教育从青少年做起，希望双方合作，在武汉建成中国首家德中青少年环保培训基地。

六、制定系统的可持续性推广战略，走出国门，走进主流，由传统的短期动态推广向长期静态转型

中国文化的推广是一项长期、浩大的工程，需要制定系统的文化推广战略，分阶段、有步骤地进行。

《黄鹤楼童话故事》在可持续性推广过程中采用以下推广方式：

1. 开展进百家书店、百家图书馆的“双百”活动。入驻德国 428 家实体（414 家）及网络书店（14 家），被德国 100 家图书馆收藏；

2. 走进德国没有开设中文课的学校，被 11 所学校列为课外读物；

3. 走进德国大学汉学系，开展讲座；

4. 走进德国孔子学院，策划“中国童话日”活动；

5. 同德国艺术家合作，将《黄鹤楼童话故事》搬上表演舞台；

6. 同德国媒体合作，推广黄鹤楼文化产品。

传统的推广方式往往由国内派代表团出国，做巡展、演讲、表演等动态的一次性展现方式，而我们通过出版书籍，和德国各界开展互动交流活动变为一种长期的可持续性方式，让文化产品在传播过程中生命力更长久，影响更深远。

七、领导的创新意识和平台的选择

《黄鹤楼童话故事》的成功试点，离不开各级领导开明开放的国际化意识和思维，离不开“勇于创新，敢为人先”的武汉精神。非常感谢全国政协主席俞正声、中宣部副部长崔玉英、文化部中外交流中心主任于芃、武汉市宣传部部长李述永、武汉市园林局和黄鹤楼风景管理处的各级领导，没有他们的鼓励、支持和帮助，没有他们勇于创新的意识和开明抉择，德国市民至今无法享受这本来自中国的城市童话故事。

也非常感谢明斯特中国研究中心这个策划团队及团队中的中德城市管理对比研究专家、城市品牌策划专家……正是因为他们的理论创新和实践创新，把握好时、度、效，切实推进有效传播，所以在国际城市合作中能找到双方合作的突破口和新的经济增长点，提出符合双边城市合作共赢的利益需求，比如提出德方政府认可和赞赏的“一带一路，友城共进”的方案，武汉与德国大学城的合作建设、环保合作项目等。

《黄鹤楼童话故事》是我们文化对外传播由粗放式向精细化转型的一次有益探索，即把握大势，统筹谋划外宣议题，通过建立国际调研机制，了解国外传播对象和他们的接受习惯，寻找中国故事国际化的讲述方式。它能产生良好反馈和评价，与科学的传播理念及大数据和市场调研手段的运用分不开，这也正是我们讲述好中国故事、传播好中国声音的前提和基础。

（周俊）

5 海外华媒人周俊博士：巧用大数据将中国文化传递出去

“如何将中国文化和元素用科学的方式传递出去，让外国人更好地认识和了解中国，这是我们多年研究的课题。”德国明斯特电视台中国部总监周俊博士表示，她和德国明斯特大学中国研究中心的同仁们曾为此进行了一系列尝试，编撰德文版《黄鹤楼童话故事》就是其中之一。

第八届世界华文传媒论坛于 8 月 22 日在贵州省贵阳市开幕，受邀参加此次论坛的周俊向大会提交了《德文版“黄鹤楼童话故事”创新解析》一文，并接受了记者的连线采访。

周俊博士介绍说，在第七届世界华文传媒论坛上，她和团队曾提出对外文化的传播要由粗放式向精细化转型，即建立国际调研机制，了解国外传播对象和他们的接受习惯，然后通过分析研究，寻找中国故事国际化的讲述方式。“这种从市场调研入手，注重宣传效果的传播理念得到了多方认可，也成就了德国市场第一本关于中国城市的童话故事。”

德国作为格林兄弟童话故事的家乡，很多城市的城雕建筑、城市标志都有精彩的故事和传说，阅读和探寻城市的历史成了德国人生活的一种习惯。但是周俊博士说：“在德国的图书市场，关于中国城市标志的传说是一片空白，这些内容又恰恰是大家感兴趣的话题。在市场不规范、无序而又有大量需求的状况下，《黄鹤楼童话故事》出台的时机到了。”

历时两年多，德文版《黄鹤楼童话故事》编撰出版完成。创作过程中，针对长期困扰中国文化对外传播的瓶颈，周俊及其团队做了新的尝试和突破，一是研究如何用所在国熟悉的语言和方式讲述中国故事，二是如何营销。

“我们首次使用了大数据和垂直营销的方式，通过问卷调查，了解西方民众对中国文化认识存在哪些误解和偏差，然后通过科学的统计分析，找到问题的症结。”周俊博士说，他们还组织专家学者及小朋友们举办了座谈会，倾听意见和建议。

谈及大数据在整个创作过程中的创新运用，周俊博士透露，除了前期调研，在编撰的过程中，创作团队也一直在跟踪调查相关反馈，不断调整细节。“哪怕是一个人物造型、一个头饰、一个发髻……比如老仙人、辛氏等人物形象的确定都是修改了十余次。”

“最后，在保留中国传统文化原味的基础上，我们选择德国人喜爱、易接受的传播方式进行介绍，而不再是将中国故事及元素简单翻译成德文。”周俊博士说，读者不仅通过故事了解到中国文化中助人为乐的传统美德，而且认识了一个城市，也消除了一些德国人心中对于中国“缺少原创”的偏见。

为了增加故事的延伸价值，创作团队在设计旅游纪念品、推广特色饮食文化等方面也做了有益尝试。“我们设计的黄鹤酒壶只能装满三分之二的酒，喻示为人处世不可贪得无厌。”周俊博士说。

周俊博士说，《黄鹤楼童话故事》德文版在德国产生良好反馈和评价，与科学的传播理念及大数据和市场调研手段的运用分不开。“这也正是我们讲述好中国故事、传播好中国声音的前提和基础。”

（中新网）

6　德文版《黄鹤楼童话故事》创新解析

习近平主席曾说，要积极传播中华优秀文化，用海外读者乐于接受的方式、易于理解的语言，讲述好中国故事，传播好中国声音。如何讲好中国故事，传播好中国声音，诚如中宣部领导在谈到外宣时多次强调的，“要重视研究国外受众的接受习惯，善于运用现代化手段和国际通用规则，不断增强对外宣传的吸引力、亲和力”。

而如何将中国文化和元素用科学的方式传递出去，让外国人更好地认识和了解中国，这也正是我们中国研究中心在德国十多年研究的课题，有幸的是，除了理论研究，我们还与国内相关部门进行过一系列成功的实践尝试，我们所做的工作，也诚如中央编译局的俞可平教授总结的，是理论的研究者、实践的先行者。

在上届世界华文传媒论坛上，我们提出了对外文化的传播由粗放式向精细化转型的思路，即建立国际调研机制，通过科学调研的方式了解国外传播对象和他们的接受习惯，然后通过分析研究，寻找中国故事国际化的讲述方式进行介绍，让受众从对中国文化的陌生、不理解到熟悉、了解并逐渐喜欢上中国文化。这一具有前瞻性和策略性的理念受到不少媒体专业人士和外宣部门高层的赞赏和认可。

让人心存感恩的是，这种从市场调研入手，注重宣传效果的传播理念得到武汉市园林局和武汉黄鹤楼风景管理处领导的大力支持和帮助，没有他们敢于第一个吃螃蟹精神的大胆实践，德国市场第一本关于中国城市童话故事的书无法问世，我们采用大数据的调研模式在外宣中的尝试也无法得以实践；同时也非常感谢在我们的实践过程中，得到了武汉市委及武汉市委宣传部的大力支持，尤其是中国政协主席俞正声也给予了高度关注、支持和鼓励，他希望我们大胆实践，为中国文化的对外传播做出新的贡献，犹如十多年前，我们在拍摄德文版纪录片《汉斯在武汉》时，首次提出“用讲故事的方式向世界介绍中国”的理念，也得到他的首肯、支持和鼓励，最后被中国其他城市学习、借鉴和实践推广。

这次德文版《黄鹤楼童话故事》的编撰出版是我们和武汉园林局、黄鹤楼风景管理处花了三年多时间完成的。在德文版黄鹤楼童话创作的过程中，针对长期困扰中国文化对外传播的瓶颈，我们做了新的尝试和突破，一是研究如何用所在国熟悉的语言和方式讲述中国故事，二是如何营销，我们首次使用了大数据和垂直营销的方式。

也就是通过问卷调查，了解德国民众对中国文化认识存在哪些误解和偏差，然后通过科学的统计分析，找到问题的症结，随后组织传播学家、中德文化对比研究专家、汉学家、儿童教育专家（因为这是本童话故事书）、童话故事研究专家、城市形象和文化研究专家等相关专家学者及小朋友举办座谈会，倾听他们的意见和建议，最后在保留中国传统文化原味的基础上，用德国人喜爱、易接受的传播方式进行介绍。

正因为我们前期做了充分的调研，所以当我们的书出版后，从目前的反馈来看，非常受欢迎。比如，对大多数人来说，这是他们看到的第一本关于中国城市的童话故事，阅读时充满了好奇和喜悦，很多读者看后说，一定把它作为礼物送给自己的孩子，这种图文并茂的形式会让孩子们更好地认识、了解中国传统文化；还有一些政界人士高兴地说，这本书的出版，帮他们解决了一大难题，每次访问中国，他们都为带什么礼物犯难，如今，他们非常高兴能把这本书作为礼物送给中方；大学的汉学系则把它作为介绍中国童话故事的教材；德国一些城市的市长则从黄鹤楼的营销模式上受到启发，他们说这种通过对所在国受众先调研然后用当地语言介绍城市文化的经验很值得他们学习和借鉴，他们也希望用中文把自己城市的故事介绍给中国读者；一些没去过黄鹤楼的读者，则希望有机会亲眼去看看黄鹤楼……

回顾我们这三年多的创新实践，从最初的理论研究提出设想，到一步步把创新理念变为现实，这期间收获了一些经验，今天我们把这些经验——德文版《黄鹤楼童话故事》创新解析——分享给大家，希望能对大家在国际舞台上讲述好中国故事、传播好中国声音提供借鉴和思考。

德文版《黄鹤楼童话故事》创新解析

黄鹤楼是中国的名楼，武汉的标志和象征。如何向世界传播黄鹤楼所蕴含的中华优秀文化，讲好武汉城市故事？武汉市园林局和黄鹤楼的主管领导前瞻性地提出了从市场调研入手，用大数据和垂直营销的创新方式打响黄鹤楼的国际品牌，让武汉与国际接轨迈出具有实际意义的一步。

德国作为格林兄弟童话故事的家乡，很多城市的城雕建筑、城市标志都有一段精彩的故事和传说，这已成了城市文化结构的一个重要组成部分，阅读和探寻城市的历史成了德国人生活的一种习惯。而在德国的图书市场，关于中国城市标志的传说是一大空白（谁能第一个填补空白，谁就抢占了市场和机遇）。让人苦恼的是，那些传播中国文化的汉学家和汉语教学工作者，都要自己到处去寻找编撰这种教材，没有一个统一的范本，而这些内容又恰恰是大家感兴趣的话题，在市场不规范、无序而又有大量需求的状况下，《黄鹤楼童话故事》出台的时机到了。

德国明斯特大学中国研究中心本着科学严谨的创作态度，首次提出将中国文化的对外传播从传统的粗放型向精细化转型，即不再是将中国故事及元素简单地翻译成德文，而是针对中国元素与国际市场的特点，前期做好充分的市场调研，邀请德国童话故事专家、汉学家、社会学家、漫画家、教育学家、小朋友进行座谈研究，根据德国人认知中国文化的特点、中德故事的编撰异同，借鉴格林童话的语言风格和特色，从故事的趣味性、可读性和视觉性着手，创编出了更适合德国人接受和理解的中国故事。

正是这一系列前期市场调研的各种反馈为我们有关黄鹤楼的品牌策划提供了重要的理论参考和实施依据。

当我们把黄鹤楼的故事传说介绍给德方各界时，大家都很兴奋，认为是个非常好的创意，大家不仅通过故事了解了中国文化中助人为乐的传统美德，而且认识了一个城市。特别是研究中国的社会学家提出了一个更为现实的问题，中国现实生活中碰瓷的现象，看到人摔倒不敢救助的矛盾心态与黄鹤楼的故事产生很大反差，这个可以作为一个社会现象来分析研究，尤其对消除德国人对中国的偏见——很多德国人印象中中国就会复制，从复制机器、服装到复制国外的各种节日，没有属于自己的原创，而黄鹤楼的传说恰恰代表了中国的原创精神和作品。

既要体现原创，又要有所创新，这也正是我们在再创作过程中遇到的最大难点和要突破的瓶颈。通过分析对比中文几个不同版本及苏联当时改编的黄鹤楼的传说故事，我们发现了一些非逻辑性、跳跃性很强并且有些牵强的薄弱环节，一些元素缺乏童话故事整体性的特点，也就是说，原著仅仅给我们提供一个面，缺乏点和线的有效联系，而这些点和线又正是童话故事的灵魂和亮点所在。

关于黄鹤楼的传说德文版的原创及创新精神，在我们创作过程的以下细节中已充分体现出来

一、调研机制，大数据在整个创作过程中的创新运用。文化的对外传播需要掌握现代化传播手段和国际化通用的规则，因此需要运用国际化的调研机制。通过科学的调研，不断了解受众对宣传主体的真实想法，收集他们想了解什么，有哪些潜在偏见和误解等信息。然后通过分析的方式形成具有说服力的数据，从而为传播途径和方式提供更好的决策选择。在编撰黄鹤楼的传说故事中，除了前期我们花三个月的时间对德国童话故事专家、汉学家、社会学家、漫画家及儿童进行调研，征求他们的想法和意见，从文化背景的异同剖析故事的内涵和定位取向，寻找出中国故事国际化的讲述方式外，在编撰的过程中我们也一直跟踪收集大家的反馈，不断修改和调整细节，哪怕一个人物造型、一个头饰、一个发髻……比如老仙人、辛氏等人物形象都是修改了十多次。

之所以运用这种方式，是结合我们曾经有过的与联邦政府的合作经验。我们曾花了三年时间跟踪调查一项获联邦政府创意奖的项目：如何让更多的女高中生喜爱理工科。在三年的时间里，创意研究者选择了一群女高中生，从不喜欢理工科到培养对理工科的喜爱转变作为研究对象，而我们负责在三年的时间里分六次对每个阶段的试验转变做跟踪调查，记录她们每个

阶段的不同转变，分析每个阶段问题存在的原因，最终寻找出最佳解决方式，正因为我们运用了科学的调研手段、严谨的数据分析总结，这个项目目前在全德国推广实施。科学的管理方式需要科学的管理手段的运用，否则只凭自己主观臆想，不对研究对象做系统的调研分析总结，结果不仅不如人意，还有可能背道而驰。

正因为《黄鹤楼童话故事》德文版将来主打国际市场，所以我们一直紧跟宣传对象，不断收集了解他们的想法，了解他们对故事内涵、人物形象、故事情节及每幅图的理解，同时与国内古文化研究专家联系，了解古时的服装造型，避免照搬复制中国传统人物形象，在不断听取来自中德方面的意见和反馈后，最后确定出大家都能接受和理解的故事情节和人物造型。

编撰结束后，我们再次收集汇总大家的意见，可喜的是，不管是故事内容还是人物造型，都收到了良好的反馈，而且他们对这本书的喜爱度超出了我们的想象。

二、原有元素中龟、蛇的参与和创新。中文版传统故事中龟和蛇完全处于一种静止的状态，但在黄鹤楼的纪念品造型中，鹤的脚下又踩着蛇和乌龟。一开始很多人自然而然地问我们，龟蛇是什么意思？和整个故事有什么联系？虽然我们可以按原作解释，是龟山和蛇山，但从童话故事的角度来讲，总是很牵强，因为故事从始至终没有这两个动物的参与活动，缺乏童趣和故事性。而一部童话故事的趣味性正是由大大小小活灵活现的动物参与完成的，就像德国城市不莱梅的城市标志中的四种动物，通过童话故事《不莱梅的城市乐手》将鸡、猫、狗和驴四种动物组合起来。而如何让本故事中的蛇和乌龟两种动物“活”起来，让它们在故事中有生命力和充当合理的角色，是我们要突破的一个难点。于是在开篇介绍龟山和蛇山的时候，我们运用了童话故事的特点，用拟人的手法描述两者方位。蛇山就像一条崎岖蜿蜒的蛇，深情地凝望着对岸的龟山，龟山像一只龟，把头伸入长江，试图游向对岸，这样既把龟山、蛇山的形态描绘出来，又充满了动态感。在后来的叙述中又巧妙地将龟、蛇两个动物形象自然地融入进去。辛氏在山下挖莲藕，将巧遇的老先生搀扶到山上的酒馆歇息，回头要下山把莲藕背上来，这时她听到门口有窸窸窣窣的声音，开门一看，原来是可爱的乌龟和蛇已经帮忙把莲藕运到了门口；辛氏后来赚了很多钱，变得贪婪，不再像以前那样对穷人关照施舍，这一过程是通过乌龟和蛇的一段对话交代完成的，因为龟和蛇是辛氏发生转变的见证者；后来辛氏向老先生提出一个又一个无理要求，其中就有希望乌龟能一直帮忙把莲藕运到山上，蛇一直帮忙收摘武汉菜薹……通过蛇和乌龟一系列的参与活动，将原作中静态的山脉变成了“活”的充满神话童趣的动物形象。

三、黄色羽毛的铺垫创新。原作中如何识别老先生的身份一直缺少一个明晰的标签，特别是老先生若干年后重返酒店，如何让辛氏辨认出这个衣衫不整、瘦小可怜的老人正是先前画仙鹤，帮助过自己的老人，这中间一直缺一明晰的交代。于是我们在几个重要场合分别埋下伏笔，老人吃过饭消失后的桌子上会留下一根黄色的羽毛，这根羽毛便是道士的印证；同时黄色的羽毛又与橘皮画的仙鹤息息相关，仙鹤身上的羽毛，不仅刚开始为画墙上的仙鹤做好铺垫，同时为后文辛氏识别老仙人身份起到了关键的作用。黄色的羽毛虽然是个小小的道具，却成了故事情节中不可缺少的绝妙暗线，通过它的几次出现，让故事更有逻辑性和合理性。

四、旅游纪念品的创新。传统的黄鹤楼旅游纪念品是两只仙鹤及脚下的龟和蛇，仅仅具有观赏性，但在内涵和实用价值上缺乏深度和力度，而且与整个故事的关联性较弱。为突破这一难点，有所创新，提高它在国际旅游纪念品中的价值和意义，我们进行了重新设计和创作。

一件旅游纪念品，仅仅靠摆放在那儿作为装饰品的价值远远比不上在使用过程中阐释的哲理让人新奇和有震撼力。在纪念品的功能上，我们借鉴了国际上成功的城市的做法，比如世界上生活质量品质最高城市——明斯特的城市纪念品——一只公鸡造型的纪念品（这只公鸡因为在敌人围困城市的困境中挽救了整个城市而受市民尊敬和崇拜并被制作成纪念品），而它今天的国际价值和外交意义则是通过使用功能表现出来的——只要是国际政要和尊贵的客人访问明斯特，不管是联合国的安南、德国总理默克尔，还是其他国家的皇室人员或名流拜访城市，明斯特市长都会在和平大厅举办庄严而高贵的接待仪式，其中最隆重的一项就是拧开公鸡的颈部，饮一口公鸡造型酒壶中的酒……让人觉得神圣而有纪念意义。我们设计的黄鹤酒壶造型也充分体现在它的这一使用功能上，如何让尊贵的客人感受到主人的盛情和隆重，除了让客人欣赏本地的自然风貌和品尝本地的佳肴外，适当地举办一种简单仪式，既不奢华，又彰显节俭之风，同时还让客人感受到最高荣誉和荣耀。

德国人的简朴之风往往是在细节中体现价值的升华和历史的意义。我们设计的黄鹤酒壶也充分体现了这一功能，而且也可作为今后接待国际友人的用具。营造出的这种庄严肃穆的氛围和仪式感更能突出武汉的城市特色和独特风韵。

在扩充黄鹤酒壶的内涵和哲学思想上我们比韩国一直引以为豪的国宝纪念品——戒盈杯更进了一步，这点在我们前期调研德国政界要员的反馈中已得到充分肯定和验证。韩国国家元首每次接见抑或拜访国外首领，都会把戒盈杯作为最尊贵的礼物赠送给客人，这是一只倒入七成酒即满、超过这一界限就会溢出的礼物，“知足者酒存，贪心者酒尽”，喻示世人办事处世必须讲究公道，不可贪得无厌。而各国政要也以收到这样一件礼物为自豪。我们设计的黄鹤酒壶造型也充分体现了这一哲学思想，更重要的是它是通过一个童话故事、一段情节表现出来的：在老先生乘驾仙鹤远去之后，辛氏发现了桌上道士留下来的一件仙鹤造型的酒壶。这只奇特的酒壶只能装满三分之二的酒，一旦超过就会溢出来。这个寓意与发生在辛氏身上的故事不谋而合，她因为贪婪，一而再，再而三地向老先生索取，最后不仅什么都没得到，而且连先前让她赚了很多钱的仙鹤也飞走了。一个有故事、有内容的纪念品更能打动和影响世人。一个酒壶，有故事，有情节，有来历，更能吸引大家的关注和兴趣。

在习近平主席访德期间，曾专门访问考察过北威州及武汉的友城——杜伊斯堡。在此期间，北威州政府举办了一场德中宴会，我们应邀参加。席间，我们就黄鹤楼的故事和黄鹤酒壶的创意专门调查咨询过德方各界政要及经济界人士，大家被这个东方故事所吸引，尤其是黄鹤酒壶所蕴含的东方哲学原理深深吸引了大家。大家都想一睹并拥有这样一件纪念品，不少政要说，对比韩国的戒盈杯，他们更喜爱黄鹤酒壶，这与德国人通常把一个深邃的哲学思想通过一个童话故事表现出来的人文精神一脉相承，更易被接受和理解。特别是来自杜伊斯堡的政经界人士，第一次听说自己的中国友城——武汉还有这样一个神奇的童话故事和蕴含深刻意义的纪念品，更是激动不已。

黄鹤酒壶这一融合了东西方文化特点和寓意的符号不仅对在国际舞台诠释武汉文化和特色起到积极作用，成为大家喜爱的纪念品，而且对当今国内提倡不贪不腐，提倡精神文明，提倡经营诚信，提倡务实谦让、公平合理，提倡社会美德，也同样具有深刻现实意义。

五、从细节入手，推动武汉风味特色饮食文化传播的创新。如何把具有武汉特色的风味饮食加入到童话故事中，让海外读者在享受中国文化的同时，也能感受武汉饮食的魅力，是我们的又一大创新。

加入独具特色的武汉饮食这一环节也是我们长期对德国市场的调研结果。德国人对烹调饮食的喜爱超出我们的想象，虽然很多人会抱怨德国餐饮的单调，其实看看各大电视台琳琅满目的饮食电视节目就知道德国人有多喜爱饮食文化。（长期以来中国读者对德国家庭有一种偏见，认为他们不懂烹饪，只知道吃土豆，这着实是一大误区）而在德文版介绍中国餐饮的书中几乎找不到关于武汉特色饮食的介绍。而武汉的饮食文化丰富多元，有那么多值得推荐的菜肴、小吃，我们该向德国介绍推荐哪些他们喜爱的饮食呢?

在十多年从事中德文化交流项目的实践中，我们积累了丰富的经验。从2005年我们首次组织由二十多人组成的德国新闻媒体代表团考察湖北，到后来随武汉市领导接见格林兄弟故乡——哈瑙的市长代表团，到接待武汉的德国友城——杜伊斯堡市长代表团及每年对去过武汉的友人的调研，我们发现他们最爱吃武汉的菜薹，每个吃过的人都赞叹不已，可如何向没去过武汉没见过菜薹的德国大众介绍菜薹，又是一大难题。直接的解释和翻译，没有给他们想象的空间，弄不好会索然无趣。于是我们想到德国人最喜爱的德国菜笋，只要在德国提起这道菜，没有人不喜爱的，它几乎成了美味的代名词。于是我们从美味的蔬菜的代名词入手，翻译介绍成武汉笋，既有武汉的标签，又能让大家马上感受到那是一道美味的蔬菜，不用过多解释，就会引起大家的食欲。所以在童话中我们让辛氏开辟了一个种植菜薹的田园。排骨藕汤我们也首次在童话中提到，这是因为藕对德国人来说充满了东方的异国风味，他们从没想过荷花下面居然还有可以用来制作美味菜肴的藕。我们在编撰过程中，也一直跟踪收集大家的反馈，发现好奇心也引起了大家对神秘藕汤的食欲。此外，我们提到梅花，因为梅花是武汉的市花……这些武汉元素和武汉标签通过自然的方式呈现在读者面前，不牵强，但又让大家充满兴趣和食欲，吸引了一批饮食爱好者。直到今天，很多看过我们童话故事的德国人都问，什么时候能在德国品尝到武汉笋、排骨藕汤……将来德国餐饮业也会掀起武汉笋、藕汤的热潮。

说起来这些元素都是一些小小的细节，而且在传统的中国故事海外传播中编撰者几乎忽略了这种细节，但它对推动城市文化传播确实起到积极的作用，特别是借用这种童话故事的自然植入方式，既能使之与故事浑然一体，又突出了武汉的地域特色。

六、童话故事结尾百科辞典的补充创新。传统的童话故事叙事结束就结束了，而我们面对的是跨文化跨地域的读者群，为了让国际读者能更深刻地认识和了解武汉和黄鹤楼，我们在故事结尾特意编加了对武汉、黄鹤楼及故事相关内容的真实场景的介绍，给读者一个明晰的概念和印象。

这也是我们根据长期市场调研的结果作出的新补充。因为国际读者不同于国内读者，提到武汉，大家都会对武汉在中国的大致地理位置有个初步概念。而对国际读者来说，他压根都不知道武汉在哪里，更不知道武汉有哪些特点。以前每次在德国人面前提到武汉，我们都会拿出一幅中国地图，标明武汉的位置，为省去读者的麻烦，这次我们特意在故事结束后增加了一个环节，除了对武汉的介绍，又增加了对真实黄鹤楼的背景介绍，童话故事中提到的武汉几种特色饮食我们也做了实图介绍，把童话故事的虚与真实黄鹤楼的实有机地展现在读者面前，让大家在虚与实中对武汉城市及城市文化有一个全面的认识与了解。

七、关于在德国介绍武汉的创新。在介绍武汉时，我们特意加上了武汉和杜伊斯堡是中国和德国间缔结的第一座友好城市的说明。因为是德文版，我们一直在寻找最能用简洁的语言打动德国读者，引起大家对武汉介绍的关注。是用“武汉和德国的科布伦茨一样也有德国角”，还是“武汉柴油机厂著名的德国工程师格里希”，还是“武汉是德国在中国缔结的第一座友城”？在我们对三者的调研对比中发现，使用新的概念——武汉是第一座友城更能引起德国人的关注，因为它打破了德国人对传统中国城市的固有印象，一问到中德间第一座友城，大家普遍会猜测北京、上海、西安……谁也不会想到武汉。所以，人们一听说是武汉，马上就会好奇地问为什么是武汉？武汉是一座怎样的城市？有什么特点……一系列的疑问会调动起大家对武汉的浓厚兴趣，继而希望更多地了解关于这个城市的信息。传统宣传中有些亮点可能在中国大家都知道，但在德国大家却很少听说，又要重新解释说明，冲淡了对原概念的印象。就像当初周恩来总理介绍尼克松总统观看戏剧《梁祝》，翻译为了说明剧情，解释了一大通，美国总统还是没弄明白怎么回事，最后周总理一句简短的介绍，让尼克松豁然开朗，他说，梁祝讲的就是关于中国的罗密欧和朱丽叶的爱情故事。对待不同的受众，采用不同的版本介绍说明，最后会收到不同的效果。所以我们第一次选择更有冲击力和感染力的“武汉是德国城市第一座友城”的概念介绍。

在习近平主席访德期间北威州政府举办的德中文化交流活动中，我们向北威州的部长、议会议员及杜伊斯堡的市政领导人也分别介绍了德文版的黄鹤楼的故事，大家都非常感兴趣，没去过武汉的希望今后有机会去武汉看看，去过武汉的，第一次听说武汉黄鹤楼还有这样一段奇妙的故事，希望下次有机会去黄鹤楼实地看看，体会和感受童话故事中的实景！

综观《黄鹤楼童话故事》德文版在德国产生的良好反馈和评价，我们认为这些都与运用科学的传播理念——大数据和市场调研的手段的运用分不开，这也正是我们讲述好中国故事、传播好中国声音的前提和基础。

（周俊　周进）

7　“用童话讲好中国故事的典范”

——访资深媒体人穆斯霍特博士

资深媒体人　穆斯霍特博士

穆斯霍特博士，德国资深媒体人，2006 年以团长的身份率领来自全德的 20 多家报纸、电视台、电台等主流媒体负责人和新闻官员成功考察湖北（这是迄今为止德国首次也是唯一的一次大型媒体代表团考察中国城市），受到时任湖北省委书记俞正声、武汉市委书记苗圩等各级领导的接见。回德后，他们不仅在德国各大媒体宣传报道湖北武汉，而且在北威州议会举办听证会，向没去过湖北武汉的各级官员介绍湖北武汉，积极推动中国文化在德国的正能量传播。

“《黄鹤楼童话故事》是用童话讲好中国故事的典范。”一见面，穆斯霍特博士激动地对我说。

为什么这么说呢？穆斯霍特博士作了以下阐述：

我对德国媒体在报道中国的内容上是有看法的。德国常驻中国的媒体会向德国民众介绍中国，他们报道的内容需要有新闻效应，所谓新闻效应，就是非常规的、重大事件、出了问题的，这样呈现给德国受众的就是一个有问题的中国，而大多数没去过中国不了解中国的人，就会认为这是一个普遍现象，就会产生偏见和误解，所以很多人到了中国后，发现现实的中国和在德国了解到的有关中国的信息有很大区别。所以我更倾向于媒体在介绍中国时，应先客观、真实、全面地介绍中国，让大家对中国有个初步的了解，这样才能认识了解一个真实的中国。当然，这也需要中国在向世界介绍自己时，多研究了解一下所在国受众的接受习惯和传播方式，用创新思维来营造不同文化“共生”的环境。

《黄鹤楼童话故事》就是一个很好的用创新思维讲好中国故事的典范。

其一，这个故事将中国乐善好施、知恩图报的传统美德用童话故事的形式表现出来，图文并茂，通俗易懂，易于接受和传播。我们知道，中华民族有 5 000 多年的文明历史，创造了博大精深的中华文化。这么多优秀的文化，如何让我们明白听懂，并不是一件容易的事。比如一谈到中国传统文化，我们就会想到中国古代的哲学家、思想家，德国也有介绍孔孟思想哲理的书，大多数德国人读起来不仅费力而且费解，有很多内容需要具备专业知识才能理解，而《黄鹤楼童话故事》却不一样，它将我们理解的难懂生涩的中国传统文化和哲学思想用简单明了的故事讲述出来，不仅便于自己理解，也利于传播。

黄鹤酒壶

其二，将中德两种文化做了很好的融合对比。我知道，很多人看《黄鹤楼童话故事》的时候，会想到德国童话《渔夫和金鱼的故事》，两者虽然情节不同，但讲述的都是人性中贪婪、善良、仁慈的故事，这也是德国人很容易理解接受认可这个故事的原因，但在故事的结尾，却把中德两种不同文化的差异表现出来。德国的故事结尾渔夫妻子因贪婪失去一切，而中国的辛氏则把自己的经历告诉世人，用黄鹤酒壶点出了“知足者水存，贪心者水尽”的寓意，这就是中德讲述故事方式的不同，东方文化更偏重于寓意的指出，并向世人警示，而德国更注重叙事，讲述一件事、一个过程，道理要靠自己去慢慢领悟。

我非常喜欢黄鹤酒壶的寓意。该酒壶可谓公道壶，盛酒时只能七成满，不可过满，否则，壶中之酒便会全部漏掉，一滴不剩。它告诉人们办事必须讲求公道，为人不可贪得无厌，这个道理不仅在过去成立，在今天提倡诚信、谦让、公平合理的社会，仍具有深厚的哲理和现实意义，尤其在我们认识了解中国的现状时，更具有时代意义，这也是我下面想强调的第三点。

其三，用传统文化资源破解世界认识中国的现代难题。很多人说，《黄鹤楼童话故事》是给儿童看的，我并不完全赞同。我认为这本书，不仅仅是给儿童看的，也是给成人看的，尤其是给外国人在认知理解中国方面提供了新的思路。为什么这么说呢？很多西方评论家在谈到中国环保等一些问题时，总是义愤填膺，毫不客气，充满了偏见和成见。我前不久还和一个对中国有极大偏见的人士争论，我建议他好好看看《黄鹤楼童话故事》，看懂了，就不会发表极端的看法。辛氏的知耻自重，慎独自省，黄鹤酒壶“知足者水存，贪心者水尽”的寓意不仅仅体现在童话故事中，也融入中国人的精神内骨和治国理念中。因为中国传统文化精神中具备鉴得失、知兴替的能力，我对此是充满信心的，我对中国梦的实现也是充满信心和希望的。所以我认为《黄鹤楼童话故事》是讲好中国故事的典范，我也希望有更多更好的这类作品出现。

（周进）

8 “希望更多城市学习《黄鹤楼童话故事》团队创新务实的调研精神，更好传播中国文化”

——访杜塞尔多夫孔子学院院长培高德博士

杜塞尔多夫孔子学院成立于2006年12月，由杜塞尔多夫市政府、杜塞尔多夫海因里希·海涅大学和北京外国语大学合作设立。培高德博士作为杜塞尔多夫孔子学院的德方院长，针对北威州中国企业较多、中德经济往来密切的特点，开展了丰富多彩、富有创新特色的文化交流活动，作为知名专家他也经常受邀参加在北京、法兰克福和布鲁塞尔等地举办的关于中国文化走出去的国际高层研讨会，并提出了不少颇有见地的建议。他本人也于2012年获全球孔子学院先进个人荣誉称号。

培高德博士（左）和周俊博士

对《黄鹤楼童话故事》的成功，培高德院长如是说：

当我看了《黄鹤楼童话故事》一书，听了黄鹤楼传播模式后，我是非常激动的。它把我多年倡导和呼吁的如何突破中国文化传播的瓶颈做了一次成功有益的实践和尝试，这是它非常了不起的地方，也是我非常钦佩的地方。

长期以来，不少孔子学院的老师和学生反映汉语学习教材“幼稚化”，找到合适的教材颇为困难，例如，很多教材是英文的，这在德国直接使用有一定困难，至于德文教材，有的则是直接从英语翻译而来。我参加过不少国际会议，也曾呼吁，针对德国市场，我们不仅需要编撰出德文教材，而且要针对德国读者和受众的特点，做好前期的市场调研，这样的德文教材才会被人家接受、喜爱。

中国其实有非常多的优秀文化，但大多数的德国人并不了解，如果大家都能像黄鹤楼故事一样针对德国特点，出版德文版的介绍，会更好地帮助德国人了解中国文化和城市，对我们的汉语教学来说，在规模不断扩大的同时，质量上也会更上一个台阶。

此外，为什么说我非常钦佩《黄鹤楼童话故事》的这种实践尝试？它在中国文化传播中首倡的调研务实精神非常难得。中国文化对外传播，并不是说简单地将语言翻译过来就可以了，为了更好地诠释传播中国的文化，必须做市场调研，而这个又往往是大家所忽视的环节，虽然我在以前的不少研讨会上都提到这个问题，但缺乏实践案例，所以也没引起多大重视，而这次《黄鹤楼童话故事》的探索实践，可以从实证论的角度成为一个很好的典范案例。《黄鹤楼童话故事》历经三年时间完成试点，我可以想象这其中的困难。也正因如此，我也格外佩服《黄鹤楼童话故事》的创编团队和武汉勇于创新的精神和勇气，我也希望中国有更多的城市能向《黄鹤楼童话故事》的创编团队和武汉学习，用创新务实的调研精神，将中国文化更好地传播到世界各地。

（周俊）

9 “创新让生命充满活力”

——访德国北威州创新科研部部长舒茨

前　言

北威州是德国大学数量最多、分布最集中、学科领域最广泛的联邦州之一，研发实力极为雄厚，共拥有53所高校、10个马普学会研究所、12个弗朗霍夫学会研究所、24个受国家资助的研究机构及69个高科技研究中心。仅鲁尔区就有6所大学、9所高校和数量众多的研究院所及技术研发中心。明斯特、波鸿、杜伊斯堡-埃森、哈根、科隆大学均属于在校大学生人数众多的大学。

北威州分管高校的负责人不同于中国的称呼——教育厅厅长，而是称创新科研部部长。北威州的创新科研部部长是舒茨，非常有幸的是，舒茨在百忙中接受了我的采访，谈到了《黄鹤楼童话故事》这本书，谈到了武汉，谈到了“一带一路”，谈到了将来与武汉高校的合作。

舒茨部长

约定采访

舒茨是我居住的选区的议员，尽管后来当上了部长，在杜塞尔多夫工作——像很多北威州议员一样，上班在杜塞尔多夫，居住在明斯特这座生活质量最高的城市——而且她和我的一位亲戚是几十年的老邻居，所以我们会时不时地碰到：在选区举办的夏季烧烤活动上，或者在明斯特大学重要会议上，偶尔也会看见她全副武装地持着徒步杖在湖边锻炼……她给人的印象就像她的竞选海报上的照片，灿烂的笑容，充满着阳光。

决定采访她是在她休假的第一天。亲戚把黄鹤楼德文版的童话故事书送给她，说有一个采访，她给了一张名片，她的名片很简单，只有名字和办公室联系方式，没有职称，上面手写了她的手机号，要我第二天电话预约时间。第二天打电话，一直占线，心想，部长休假也这么忙！一个小时后，电话打通，一听说是我，马上爽朗地说，谢谢我送给她的那本童话故事书，她是一口气读完这本书的。这本书很有童趣和寓意，也很吸引人，她很喜欢。她说正在开会，第二天联系我。她热情友好的声音犹如一缕阳光，让我以为打扰了她而不安的惶恐一下子散尽。

第二天一大早接到她的电话，问我什么时候有时间。我们约好下午 3 点在明斯特最悠闲的广场咖啡屋见面。

关于《黄鹤楼童话故事》这本书

我骑车提前几分钟到达，随后看见她放好自行车，打着电话向我走来，她用灿烂的笑容向我点头问好，同时用手势示意她的抱歉。终于打完电话，她解释说，尽管已休假，每天还是有工作上的事情需要联系沟通。她关掉手机，大家找了个看街景最佳的位置坐下，一边喝咖啡，一边采访。

她从包里拿出一份材料，兴奋地说："看了书后，我还专门查找了资料，是北威州最近和武汉的合作项目，今后你们德国湖北友好协会有需要和北威州其他部门的联系合作，我都可以帮忙联系。"她的认真和真诚让我感动，没想到一本童话故事书竟引起她对武汉的关注，不仅下工夫做了功课，查找资料，而且还愿意为我们搭建平台。我知道，在北威州执政党 13 个内阁成员中，她有着举足轻重的作用。

她同时从包里拿出《黄鹤楼童话故事》，我担心她忘了带，也带了一本，没想到她居然带了，很认真地翻给我看并评价道："这本书带给我很多乐趣，要知道放假前是我们最紧张忙碌的时

舒茨部长考察明斯特大学获联邦政府创意奖的项目

候，每天的会议、考察、讨论，忙得不亦乐乎，刚闲下来，就收到这份礼物，一下子让人换了一种心情。书的故事情节，诠释的哲理意义都很打动人，尤其吸引我的是故事最后的百科资料介绍，这点不同于一般的童话故事书，一般的童话故事书给人虚幻的色彩，而这本书将故事和实景结合起来，把真实的黄鹤楼的照片、武汉的简介、武汉与德国的关系、武汉的小吃等作了简要的介绍，很有新意，我特别欣赏。我喜欢有创新的东西，有创新，才有吸引力，才有生命的活力。”

她几乎一口气谈了她对这本书的理解和评价。我问她，她喜欢创新是否与她的工作有关——创新科研部部长。她说，应该有关系，所以她理解创新的艰辛，并支持有创意的事物。

我告诉她，为了创作这本书，我们花了一年多的时间策划调研，她说：“我相信，就像我们在北威州率先取消高校学费，也是花了很长时间才落实，我能感受你们在这个过程中的付出和努力。当然，改革创新都会留下一些争议，我们取消学费也是这样。我有个问题想了解一下，您曾出版过一本书，《关于中国留德学生的生存报告调查》，北威州取消了学费，是不是对中国留学生没有吸引力了，因为有人告诉我，中国人的消费观念是，越贵的东西质量越好，不收费的高校，教学质量就会有问题。”

我说，就我对中国留学生的了解，一方面北威州的高校在中国有非常高的声誉，不仅有“精英大学”，还有很多知名院校。

“对，我们仅艺术院校知名的就有 7 所。”她点头很自豪地说。

“中国留学生在选择高校时，也会像德国学生一样，考虑是否收费，不收费的高校当然更受欢迎。”听完我的解释，她多少轻松了一些。

我问她，以前看过有关中国的童话故事书吗？

她说：“我以前看过亚洲的童话故事书，是日本的，因为我有个工作人员是研究日本文化的，但关于中国的童话故事书，这是我看到的第一本。第一本总会给人留下特别深刻的印象，而且书中介绍的武汉小吃也很诱人，我喜欢烹饪，尽管手艺没有我先生好，但我享受做菜的过程，因为我是素食主义者，所以对书中提到的藕汤、武汉菜薹很好奇，这些在德国都没有，有机会很想尝尝。这本书也是送给孩子的非常好的礼物，我将来会送给我的教子，他今年只有两岁，等他大些的时候，我会读给他听。”

关于武汉和“一带一路”

“以前对武汉了解得多吗?”我问。

“说实在，对武汉了解并不多，我没去过中国，对中国的印象一是人多，二是现在德国越来越多的东西都打上了中国制造。我想，武汉也一定人很多吧！武汉这个城市倒是听说过，因为在内阁会议介绍国际合作项目时，其他部门的负责人会提到武汉，但对武汉的具体概念比较模糊，感谢这本书，让我对武汉有了比较多的了解，也拉近了我和武汉的距离。我想这个城市应该是个充满活力、具有创新精神的城市，因为在德国的图书市场上，根据我的经验，还没看到过关于中国某个城市的专门德文介绍，而这本书是德国市场第一本关于一个中国城市的介绍，并且是用童话故事的形式，德国又是一个童话王国，从这点来说，武汉懂得怎么用合适的方式向世界诠释自己，我想这和这个城市的开拓创新精神分不开。中国提出‘一带一路’倡议，这对北威州和杜伊斯堡来说，都是非常好的机遇。这就需要双边深化创新人文交流，武汉做出了一个非常好的范例。从这本书上，我看到了武汉创新务实的精神，这给我留下了深刻和良好的印象。”

关于高校合作

“我知道前不久您刚访问过土耳其，签订了一系列高校合作和交流项目。武汉市作为中国的‘大学城’‘科技城’，科教综合实力仅次于北京、上海，居全国第三位。武汉拥有 18 个国家重点实验室、工程技术中心，739 个科研设计单位，45 万各类专业技术人员，80 多所高等院校。北威州也是德国大学数量最多、分布最集中、学科领域最广泛的联邦州之一，今后会考虑考察武汉，加强和武汉高校的合作吗?”我问。

“武汉的高校数量都可以和北威州相比了，我们也非常愿意在以前合作的基础上，深入对接‘中国制造 2025’与‘德国工业 4.0’，进一步加强和武汉高校的合作交流，这需要一个过程。我今年的出访计划在欧洲，下一步是美国，随后是中国。在我出访中国前，我一定会提前告诉您，看武汉有哪些可深化的合作项目，这需要提前做好准备。如果有机会，当然愿意到武汉看看，也想去黄鹤楼看看。我一直在想，这个童话世界里的黄鹤楼究竟是什么样的，我期待着这一天。”

我们的访谈不知不觉进行了两个小时，谈了很多话题，如关于她作为部长的忙碌工作，她说她有 300 多个工作人员，她没算过每天工作多长时间，只知道每天早上六七点出门，晚上十一二点回家，她的车就是她的办公室，堆放了很多文件，有很多工作都是在路途上处理的。她很忙，但她很享受这种忙碌的过程；关于中德文化的差异，她介绍她的姓的含义，我介绍中国人名字的含义。我们还谈到中德不同教育体系下，中国留学生存在的问题和探索解决问题的办法；谈到了如何消除不同文化背景下人们的偏见和误解。舒茨部长还谈到考察土耳其和波兰的趣闻，谈到她在父母眼里永远是长不大的孩子，谈到她的骑自行车、看书、烹饪的业余爱好……交谈中，舒茨部长有时让人感觉她是部长，有时又让人感觉她就是邻家的一位大姐……

末了，我说因文章的需要想拍一张她的单独照片，她却坚持拍一张合影，于是时间定格在那一瞬间……

周俊博士和部长合影

后　续

通过与舒茨部长的近距离接触，我看到和感受到了她灿烂笑容下内心释放出的热情、细心和乐于助人的一面，尤其是她的高效的工作让我吃惊，从预约到采访，居然在短短的两天内完成。在和她的交流中，我提到我们将对武汉友城杜伊斯堡的市长进行采访，但我担心是否能预约上。她说，没关系，她帮忙联系。晚上我在伏案赶稿的时候，收到她的邮件。她说，非常感谢下午的交流，让她度过了愉快的时光！同时她已与杜伊斯堡市市长联系好，市长非常乐意接受我们的采访……这就是我认识的舒茨，她不仅自己很热情地投入工作中，也会那么强烈地感染她身边的人，让人感觉与她合作是一件多么愉快的事情！我想，这也许是选民选她的原因吧！

舒茨女士已升任德国环保部部长。作为她的第一个中国朋友，我非常感谢她后续为我们在促进中德合作项目中给予的大力支持和帮助！

（周俊）

10　从《黄鹤楼童话故事》到“一带一路，友城共进”

——德国杜伊斯堡市市长林克访谈录

“一带一路，友城共进”

还没和林克市长见面，我已获知了不少关于他的信息。如北威州创新科研部舒茨部长介绍的，他是一个充满活力和创造力的年轻市长，在社民党内，像一股清新的风，带给人很多新的思路和想法。

德国杜伊斯堡市市长　林克

在网上也查阅了不少关于他的资料，比如36岁担任市长，是德国最年轻的市长之一。政府网页上关于他个人的介绍也极具个性和激情，诸如他的目标是建设一个新的杜伊斯堡、6年6

个承诺、打造一个新的政治环境、加强与市民的对话和交流……他还鼓励市民把感动自己的想法和创意告诉他，通过共同努力，在实现自己的理想的同时也建设一个新的杜伊斯堡。他主张强化教育和再教育，等等。而在市民对林克评价一栏里，来自不同年龄和不同层次的人给了很多正能量的评价，比如："我喜欢你的亲民风格""我觉得你的教育理念很好""我是促进阅读计划的受益者""我很感动，你为了建设自己的家乡，放弃了州议会的工作"……

近几年，在"一带一路"倡议的推行下，林克一下成了中国媒体的政治明星，从中央到地方，从电视到报纸……争相预约采访他，全是谈"一带一路"对杜伊斯堡的影响，而关于他个人的介绍却很少。

这增强了我对他的好奇，他究竟是一个怎样的市长？他是怎样将自己的政治抱负和理想付诸实践？他又是怎样看待借助"一带一路"加强与友城武汉的创新合作？

和林克市长的第一次见面是在记者招待会上。一个来自武汉的记者代表团要采访他，他听说团里有我过去的同事，就约我一同前往市政厅，我为他的细心感动。在古城堡一样的市政厅，我见到了许多关于武汉和杜伊斯堡交往、交流的光辉历程，而且其中一个会客厅居然叫武汉厅。我很吃惊在德国市政厅能感受到这么强的"武汉味"，我为自己的家乡武汉感到自豪，也为杜伊斯堡市政府的努力而充满敬意。

代表团采访活动结束后，林克市长专门找到我，说非常高兴认识我，他会专门约时间接受我的专访，不仅仅因为我是他的老上级、好朋友——北威州创新科研部部长舒茨介绍的。他说：“舒茨部长再三强调说，您是一位非常优秀的记者，我也看过不少德国媒体对您的报道，所以我要专门为您腾出时间，而且在您的采访提纲里，不仅仅像一般记者提出问题，关键是您给我们今后借‘一带一路’如何强化与中国的合作提出了非常具有战略意义的建议，我非常感兴趣。此外，一个月后，我将率代表团访问武汉，您对德国和武汉都非常熟悉，我们非常想听听您的建议和意见。”

林克市长（左）与周俊博士

林克市长非常重视他的第一次中国武汉之行，也为此做了不少功课，他安排秘书几次邀请我前往市政厅，专门商讨去武汉考察交流内容及注意细节，虽然每次从明斯特到杜伊斯堡要往返几百公里，但能为他的第一次武汉之行提供帮助，我也很高兴。

在正式采访之前，我看到、接触到的他身边的工作人员年龄都比他大，这越发让我觉得好奇，一个年轻人是如何管理这个年龄比他大的团队的？

我们的采访从《黄鹤楼童话故事》这本书开始。

《黄鹤楼童话故事》给我的启发

"我很喜欢这本书，尤其是它的创意和策划，让我很受启发。在担任市长前，我一直是从事教育工作的，我认为教育非常重要，所以在我担任市长后，提出6年内要实现6个承诺，其中就有一个促进阅读活动的项目，也就是：每个刚进入小学的学生，都可以获得一张一年的免费图书借阅证，可以在各个图书馆借阅书。我们的目的，一方面鼓励和培养小朋友读书的兴趣，同时也给那些家庭条件差的孩子一个机会，让他们和其他孩子一样享受到读书的乐趣，因为并不是每个家长都可以有经济能力购买课外书的——您也知道，德国的书都不便宜。这个活动推行了几年，效果非常好。我想，培养小朋友多读书、读好书的习惯，是会让他们受益终身的。同样，在国际友城交往过程中，通过童话故事这种生动形象的表现形式，让双方的小朋友都对对方的城市有所认识了解，而不是像以前，只停留在成人间经济文化的交流，这是一个非常大的突破和创新。武汉的这一做法，很值得我们学习。以前谈到传统工业的转型，中国很多老工业的城市会派出城市管理者到我们这里学习我们的成功经验，而这次，我们应该向我们的友城武汉学习，用德文的童话故事向德国介绍武汉。其实，我们杜伊斯堡也有童话故事，将来我们也要将之翻译成中文，让我们的友城也从小朋友开始，认识了解杜伊斯堡。"

对习主席的印象

记者：2014 年 3 月底习近平主席访问杜伊斯堡，让更多的中国人知道了杜伊斯堡这座城市，您作为市长也亲自陪同接待，还记得当时的情景吗？

林克的眼睛一亮，一下子兴奋起来：我永远忘不了那激动人心的一幕，习主席在我们副总理和州长的陪同下来到杜伊斯堡，我非常荣幸作为市长接待了他们。习主席是一个非常具有人格魅力的领导者，他是那种在众多人群中，哪怕一言不发，你也可以感受到他强大的影响力和震撼力。他沉着冷静，是一个对目标有坚定信念的人，他很清楚他在做什么、该怎么做。所以对“一带一路”的倡议，我们是充满信心。

为了迎接他的到来，我们做了很多准备工作，还专门组建了中学生的欢迎队伍，教他们用中文致欢迎词。习近平主席的到来，给我们杜伊斯堡创造的名人效应、公关价值和经济附加值无与伦比。我们也在思考和探索，如何借助“一带一路”加强与中国多层次多渠道的合作。

“一带一路，友城共进”计划

记者：杜伊斯堡作为欧洲最大的内陆港、中欧铁路联运大通道的终点站，在“一带一路”的倡议中起着举足轻重的作用。您曾表示，期待通过丝绸之路经济带，将杜伊斯堡打造为中欧

武汉号列车开通

经贸关系的枢纽。其实，"一带一路"的倡议不仅仅是强调经济方面的合作，还是加强地方政府和城市之间的深化合作和交流的倡议。因为在"一带一路"倡议下，双边城市合作交流会有新的需求，这就需要通过新的合作方式找到新的增长点，经济、文化、学术、社会等各个方面。所以我提出了一个方案，叫"一带一路，友城共进"，您是如何看待这个方案的？武汉和杜伊斯堡作为中德间缔结的第一对友好城市，是否愿意在友城合作方面有新的突破？

林克：这个方案设想非常好，我非常喜欢，这也是我今天专门约您要谈到的话题，就像我在竞选市长纲领中谈到的，要加强和市民的对话交流。在倾听市民的心声中，我会听到很多对城市发展非常有益的建议，就像您提到的"一带一路，友城共进"的方案，有很多具体项目都非常好，比如通过双边城市媒体的合作，让双边市民更多了解对方城市；通过个性化的深度旅游，用新的视角和方式介绍双边城市的自然人文风光。而且您本人是做中德城市管理对比研究的，您很清楚双边城市如何从优势互补的角度去共赢，从哪个角度做好城市的国际宣传和项目对接……那些项目创意都非常好，我希望能落到实处，因为这将在友城合作方面开创一个全新的局面，谱写出具有历史意义的新篇章，我也非常乐意担任这个项目的德方监护人。

当然，我希望我们先从一个小的试点开始，一步一个脚印，扎扎实实做一些实际工作，这也是我一贯强调的，从小事做起，把一件件小事做好、做精细，最后自然会看到量变到质变的效应。

关于年龄的问题

记者：这段时间和贵市打交道，发现您的很多工作人员都年长于您，一个年轻的市长领导一个都年长于自己的团队，是不是会遇到很多困难，比如不被大家认同的情况？

林克：刚开始很多人都会问我这个问题，我常常引用德国国家队教练的一句话，没有年轻和年老的球员，只有好的和不好的球员。对我而言，也是如此。你的能力和综合素质很重要，年龄是一个方面，但不是决定因素，当然我也非常庆幸，我有一个非常好的合作团队，大家有一个共同的目标和理想，那就是如何让杜伊斯堡的市民生活得更幸福美好。

关于武汉之行

记者：9月您将率政府企业代表团访问武汉，参加武汉园博会德国园的开幕典礼，这是您的首次武汉之行，您对此有什么希望和期待？

林克：这是我的第一次武汉之行，也是第一次中国之行，我当然很激动，也期待着这一天的到来。中国有句话，百闻不如一见，所以我特别想亲眼去看去感受我们的友城武汉，也想登上黄鹤楼远眺长江，看看童话故事里的龟山和蛇山，如果时间富余，我也很想作为一个普通外国人，和武汉市民聊聊天，了解他们的生活状况……我们这次时间比较紧，交流考察任务安排得非常紧凑，我还不知道有没有那么多时间……

武汉园博园我听说是在垃圾场上建起来的，这个创意非常好，说明武汉非常重视环保，武汉园博园不仅会培养和增强市民的环保意识，同时也为市民营造了一个良好的生活环境。如何让城市变得更美丽清洁，我们也有一个48小时行动计划，也就是说，不管是谁，只要发现城市哪个地方不清洁，都可投诉，环保部门保证在48小时内将问题解决，这个项目也是开展了好几年，对改善城市环境起到了非常积极的作用。我也非常希望就如何创造良好的宜居环境让市民生活得更好和武汉的同仁探讨，交流经验，共同进步。

在得知我也受邀参加武汉园博会后，林克市长期待着我们在武汉再次相聚。

后　续

诚如林克市长所言，他始终积极推进“一带一路，友城共进”的计划，而且遵循一步一个脚印，循序渐进的原则。没多久，德国诞生了第一辆以中国城市命名的列车——武汉号；武汉访问结束后，他非常满意武汉之行，也对我们的前期咨询和陪同考察表示感谢，并询问我们德国湖北友好协会有什么困难。我提到我们的一个成员单位打算落户杜伊斯堡，遇到无法办理工作签证的问题，这直接影响到公司在德国的项目推进，他立马责成相关部门给予解决，并叮嘱我们，希望我们将“一带一路，友城共进”的计划推进落实……

这就是我认识的那个身高 1.94 米，喜欢跑步，爱吃素，推崇与市民对话，重视教育，爱从小事一点一点做起的林克市长……

（周俊）

11　从《黄鹤楼童话故事》到大学城的合作共建

——访德国明斯特大学副校长邓茨教授

德国明斯特大学副校长　邓茨教授

邓茨教授，德国明斯特大学副校长，明斯特大学物理系主任，德国著名物理学家，在物理学领域获得过不少政府大奖。

《黄鹤楼童话故事》是馈赠佳品

当明斯特大学分管国际交流的副校长邓茨教授看到《黄鹤楼童话故事》的第一眼，就激动地说："早就盼望这本书的问世了。去年听说《黄鹤楼童话故事》在创作中，而且听了故事简介及创作思路，我就觉得是一件好事，解决了一件让我每次访问中国头疼的事。我们学校和中国的知名高校有合作交往，我也会经常受邀访问中国，每次和中方见面，我就会为送什么礼物伤脑筋，刚开始我们会送来自德国的一些纪念品，可不能老重复呀。送一本根据中国故事改编的德文版童话故事书，是个不错的创意和选择，而且书的画面精美，故事又有深刻的哲理含义，我非常喜欢，相信我的中国同仁在看到这本书的时候，也会喜欢，毕竟在德国市场还没有这么精美的童话故事书，它是一件非常好的礼物。”

邓茨教授在拿到书的那一刻，如此感慨！

采访花絮

我们约好半个月后再见面，让她谈谈对这本书的印象。

半个月后，我如约前往，真没想到她如此忙碌，作为校长，她肩负大学国际合作的行政工作；作为物理系主任，还分管系里的大大小小事务；作为物理学教授，还肩负着课题研究和带博士生的任务……我提前半小时赶到，看见已有不少人等在办公室门口，因为和秘书熟，秘书专门为我递上茶，安排我到另外一间休息室等候，说到时间叫我，可能因为水喝多了，忍不住上了一趟洗手间，回来时径直到校长办公室，看见已有几个人坐在里面。秘书急急忙忙过来问我去哪里了，说到处找我，结果等在后面的一拨先进去了。校长也出来和我解释，非常为难地问我，能否再重新约个时间，实在抱歉时间太紧。以前和校长打交道，都是在很私人的聚会上，从没想过工作起来她是如此忙碌，我只好和秘书重新约时间，秘书一边查日程安排，一边开玩笑说，系里每个人都知道教授时间如金，谁都不敢在约定的时间上洗手间，你倒好……看来只有下次了……这一约，又是半个月后。

没想到，我因为上洗手间错过了教授的预约一下子成了物理系的一个茶余饭后的笑谈，后来碰到物理系的其他几个副主任，大家都会开玩笑问起此事。

给我的一个惊喜

半个月后，我如期而来，我也吸取了上次的经验教训，秘书再给我准备茶水，我婉拒了。

校长匆匆从行政大楼赶过来，像一阵风，快速放下手中的文件夹，直接邀请我进了办公室。还没坐定，她就说，上次实在不好意思，让我等那么久，今天专门给我留了足够的时间。她还告诉我一个好消息，说在刚刚召开的关于明斯特大学国际节的部署会议上，她已将《黄鹤楼童话故事》推荐给了组委会，说这本书很值得在国际节上展出，作为一个亮点，会吸引不少对中国文化感兴趣的读者和家长。我知道明斯特大学国际文化艺术节是学校重点推出的一个国际文化活动，每年会吸引不少人，不仅有来自本校的学生，而且还有不少外地的游客。

我为这本书能得到校长的欣赏和推介而感到高兴。

“我认真读过这本书，非常喜欢，从故事情节、寓意及图画设计，否则我不会推介给国际文化节的。而且特别有意思的是，在看这本书的时候，我是和我儿子分享的，前不久他刚从武汉大学作为交换生回来。你不知道，在他看到书的第一眼，比我还激动。他说，非常亲切，让他想起了在武汉度过的美好时光，而且他还登过黄鹤楼，遗憾的是，当时还不知道黄鹤楼有这么一个美丽的故事，看了这本书，刚好补了一课。他说下次去武汉一定再登一次黄鹤楼，重温一下书中故事情节，一定会有不一样的感觉。他还说如果我有机会访问武汉，推荐我也一定去黄鹤楼看看。”

关于大学城

记者：武汉和明斯特有一个共同特点，都是大学城，武汉是中国重要的科教基地，现有大学 80 余所，在校大学生 118 万人，科教综合实力居中国第三。明斯特大学作为德国排名第三的大学，其经济、法律、医学、社会学等专业一直是强项，尤其是纳米技术的研发处于世界领先地位，而明斯特作为世界上生活质量水平最高的城市，人口不到 30 万，但大学生的数量就有 5 万多，当然除了明斯特大学，还有其他高校和职业技术学校，整个算下来城市里平均 6 个人就有 1 个大学生，作为大学城，雄厚的科教优势和大学生数量多是不是起到非常重要的作用？

邓茨教授：一个城市具有大学城的称号，仅从科教优势和大学生所占城市的比例来算是不够的，关键要看如何把高校的科研教育功能和城市建设有效结合起来，高校的资源优势和城市发展与提高市民生活质量紧密结合起来，也就是高校怎么服务和融入整个城市的建设中去，这需要高校管理者具有开放意识和创新管理理念，我们也积极支持各学科的创新管理。

比如在科研方面，我们学校在实施创新驱动，推动科技成果“走出”实验室，在转化到企业、应用到社会方面，做了不少工作，很多专业都直接和企业、社会建立紧密联系并创建长期合作关系，将研发和运用融为一体，既让高校科研成果在社会中得到实践，社会和企业的实践锻炼也丰富补充了学校的教学，两者相得益彰。

在高校参与服务城市建设方面，我们是采取走出去、引进来的开放战略。

记者：具体是如何走出去的呢？

邓茨教授：明斯特大学还有一个特点，从各个院系的地理位置分布来说，大都分散在城市各个地方，和城市融为一体，这点和中国高校院式封闭结构不同。区域位置上的开放性，本身就为大学生和市民互动提供了便利条件。我们的走出去，也有几种不同方式。一种是长期战略合作关系，比如社会学系的调查研究中心，每年和明斯特报纸开展两次对市民关于城市发展和建设满意度的问卷调查，包括对城市管理者比如市长的执政评估，这样既了解了市民对城市管理的需求和看法，又为城市更好地强化管理提供了第一手参考资料，同时也丰富了社会学学生对统计调研的社会实践……这种学校和城市相关部门长期稳定的合作关系在很多院系都有，比较普遍。还有一种松散的合作关系，比如，大学的教授经常会在社区、书店、幼儿园等城市的不同部门及社团组织举办讲座，介绍科普知识，我们还有一个科研部门，专门研究社区发展，一旦发现社区哪个环节比较薄弱，就会派相应的学科部门教授举办讲座，这些讲座都是义务的，通过专家、学者进社区，与社团开展形式多样的讲座活动，丰富和提高了市民的精神生活。

记者：在引进来方面，我所了解的有老年大学、儿童大学，记得当年和我一同拿到博士学位的就有一位 80 多岁的老先生！

邓茨教授：不错，引进来方面遵循了我们学校的宗旨，活到老，学到老！我们开设有老年大学，那些年轻时由于种种原因没机会读大学或者想进一步深造的退休人员达到基本要求，也可以上大学，他们读大学应该和中国的专门为老年人开设的老年大学不一样，他们和普通大学生一样，一块上课考试拿学分，不同年龄层次的大学生一块上课，实际上有很多好处。比如，在上关于移民讨论课的时候，不同年龄的人会以亲身感受

老年大学

和经历介绍他们那个时代的移民状况，这样的教学讨论比单一年龄层次的学生会使学生更生动形象地理解各个不同时代的背景特征，教学内容也更立体化。

儿童大学是我们学校和明斯特报社联合办的，从 8 岁到 12 岁的儿童都可免费报名参加，课程都是由大学教授讲授，当然这些教授都会针对儿童心理、理解力及接受能力特点做一些不同于普通大学生的讲解，内容丰富多彩，关于环保，关于天文……都是儿童感兴趣的话题，这项活动深受儿童的喜爱。今年我们还在深化延伸这个项目，在假期举办了幼儿班，针对幼儿的特点举办一些科普游戏活动，也很受幼儿及家长欢迎，我们还有获联邦政府创意奖的物理实验室基地，针对那些对物理感兴趣的高中生开设的物理实验课……通过不同年龄层次的基础设施

儿童大学课堂

和教学内容的设置，让大家都有机会感受大学教育，提高大家的综合素质水平，更主要让大家感受到学习带来的乐趣！

记者：今后明斯特大学城和武汉大学城是否会考虑合作交流？

邓茨教授：当然，如果有好的创意合作计划，我们也非常乐意和武汉开展大学城的交流合作。我们和国际上的交流合作，除了学生和老师的互访，还有一个特点，就是高校管理者的交流学习，这个也非常重要。我们学校目前和北京、上海有学术合作关系，和武汉还没有，今后也希望德国湖北友好协会能搭建起这个平台和桥梁，因为你们对双方都熟悉了解。

对了，谈到和中国的合作，我要补充一下，这也是《黄鹤楼童话故事》这本书让我深受启发的，武汉想到编撰一本德文书向德国介绍自己的城市，非常好，我们在这方面也应该向武汉学习，编一本中文的介绍说明，这样也能让我们的合作者更好地认识了解我们。

邓茨教授一边说，一边很认真地记了笔记。

（周俊）

12 德国教育学家瓦特凯萨校长谈《黄鹤楼童话故事》

德国教育学家　瓦特凯萨校长

瓦特凯萨，德国波鸿ÖSW预科和语言学校前校长、教育学家，曾任DAAD驻韩国负责人，对东西方文化研究有很深的造诣。

瓦特凯萨认为，从教育学的角度来讲，《黄鹤楼童话故事》有助于德国儿童消除对中国的误解和偏见。

瓦特凯萨说："德国图书市场上关于中国的儿童读物很少，特别是图文并茂的。像我那个年代，接触的关于中国的图文介绍，有连环画册，但内容都是'文革'时期的。现在的德国儿童很有机会看到图文并茂的关于中国的童话故事。中国人物的形象标志，从《三个中国人拿着一把低音提琴》这首德国儿歌里可以看到，这首歌因为旋律简单，音域窄，无转调，朗朗上口，非常受小朋友喜爱，几乎每个小朋友都会唱。我们来分析它的人物造型，三个中国人的装扮，古代的，戴着小毡帽，穿着功夫服，脚踏拖鞋，德国警察则是现代的。这首歌对中国完全没有偏见和误解，只是人物的造型存在问题，而且这是德国儿童唯一接触的关于中国的人物造型，孩子们在心理上就会有一种印象：中国人原来是这个样子。

儿歌《三个中国人拿着一把低音提琴》中的中国人和德国人形象

“在儿童图书市场关于中国读物匮乏的情况下，《黄鹤楼童话故事》这本书的问世，对德国儿童来说，又多了一个认知了解中国的渠道，重要的是知道了中国也有童话故事。大家都知道，德国是个童话故事王国，童话书的品种非常丰富，可关于中国的却很少。不了解中国，没接触过中国童话故事的小朋友，一旦问起这个话题，会很奇怪地问，中国也有童话故事吗？这本书至少让德国儿童也知道，中国也有童话故事，也有像《渔夫和金鱼的故事》一样的讲述人性贪婪、善良、仁慈的故事。

“我觉得这本书还有一个非常精彩的地方，那就是结尾有真实的黄鹤楼的图片。从讲述一个童话故事，到再现一个真实的黄鹤楼面貌，这在德国童话故事中是几乎没有的，儿童会把虚拟的故事和真实的故事隔离开来。而这本书却非常巧妙地将两者衔接在一块，从虚拟到真实，会增强儿童对故事认知的可信度，也会引起孩子亲眼去看看黄鹤楼的强烈欲望。

瓦特凯萨校长辅导小朋友看书

“总之，这本书出现后，在儿童图书市场，至少多了一个让孩子们认识了解中国文化的渠道，中国原来也和我们一样，有童话故事，有真善美的故事，那个民族和我们民族也有很多相似的地方。”

（周俊）

13　德国汉学家珀夫斯教授谈《黄鹤楼童话故事》

《黄鹤楼童话故事》提供了非常好的教材

德国汉学家　珀夫斯教授

这本书非常好，来得很及时。前段时间我还收到来自巴伐利亚州一个武术学校校长的求助。他说，他开设了青少年武术课堂，他希望他的武术课堂不仅仅是传授中国武功，也想让孩子们了解更多的中国文化，所以决定引进一些介绍中国文化的书，却找不到适合孩子们看的，问我有什么办法和渠道。我觉得《黄鹤楼童话故事》这本书就很好，既有生动形象的图画，又传播了中国传统文化，我会推荐给他们。

现在不仅仅是那些学校缺乏合适的介绍中国文化的书籍，

就连我们专业的汉学教学课堂都缺乏这类教材。我在好多年前就曾呼吁，我们的汉学教材需要创新改革，从形式到内容都要有新意。有好多老的教材在内容和形式上与现今中国有很大脱节。比如一本书谈到中国文化，在说明什么是中国文化时，书上给出的答案是按摩。有学生拿着书好奇地问我，中国文化就是按摩吗？我哭笑不得。

还有一些关于中国人物的图片，用中国的说法，就是老掉牙。因为没有现成的教材，我们这些从事汉学教学的老师，不得不自己经常翻译介绍一些中国优秀的文化、成语、典故。我还自己开设了一个网站，介绍一些当今的中国文化，没想到，点击率还非常高。这说明什么？说明我们要好好研究，怎么把优秀的中国文化，用大家喜爱的方式介绍到德国，也说明我们目前教学素材的极度匮乏。

而《黄鹤楼童话故事》开了一个很好的头，从内容到形式都给人耳目一新的感觉，既把中国传统文化的勤俭、善良、乐于助人的美德表现出来，又鞭挞了贪婪，而且图文并茂，这对长期从事中国文化对外传播的工作者来说应该是个很好的典范和启迪。我们的教材市场太需要这种好的教材了。

还有一点让我很受启发的是，这本书在翻译成德文的时候，不是简单的语言文字的翻译，而是根据德国市场做了很多调研，寻求大家更喜爱和接受的方式讲好中国故事。这需要对中德文化、两国人文环境非常熟悉才行。中国的故事素材很多，是不是每个翻译成德文的都会受欢迎、让人喜欢接受呢？并不是。《黄鹤楼童话故事》德文版创作者在原作上的再加工创新是一个诠释和对比中德两种文化很好的教材，把创作过程背后的故事讲清楚，也能让德国学生更好地理解和接受中国文化，所以我们计划将来开设课堂，邀请创作者做演讲报告，通过讲解这本书，分析介绍中德文化的差异，我想会很受学生们欢迎的。

教材内容的多样化，讲解传播形式的多样化，都是当前汉语教学需要迫切解决的问题。《黄鹤楼童话故事》做了一个很好的示范，我希望今后会涌现出更多这样喜闻乐见的表现形式。

（周俊）

14　德国社会学家访谈：《黄鹤楼童话故事》让我们对中国有全新的认识

布瑞格丽达和克里斯托夫教授夫妇是德国社会学家，布瑞格丽达教授也是绿党议员。以下是他们对《黄鹤楼童话故事》及中国的认识。

去中国前对中国的印象

布瑞格丽达教授说："说实在，没去中国前，我对中国的印象定格在'文革'时期，因为我看了不少德文版'文革'时期的小说，书中描绘的人性扭曲的批斗，对人身心所造成的摧残一直像阴影一样停留在我心里。对中国农村的想象，我想应该很贫穷，像非洲一样，住茅草屋，生存条件很差。对中国环保方面，因为媒体经常报道中国有雾霾，我想空气质量应该非常糟糕，出门需要戴口罩。"

"作为社会学家，我们考察过美洲、非洲的很多国家，到过亚洲的伊朗、印度，但却没去过中国，我们一直想去中国，却又犹豫不决，直到看了《黄鹤楼童话故事》，坚定了我们去中国看看、考察的决心。我们想看看这个美丽的童话故事的城市的今天，那里的城市文化、市民的生活状况、城乡的贫富差距、城市外来工的生活状态……太多太多谜一样的故事吸引着我们。在德国湖北友好协会的帮助下，我们花了半年的时间准备我们的中国之行，商讨考察内容，最后确定了湖北一周的调研行程。”克里斯托夫教授这么表述他们中国之行的缘由。

湖北之行

我们是乘坐高铁从北京到达武汉的，在北京的两天我们只是像普通游客一样游览了故宫等一些景点，所以一到达武汉火车站，我们格外激动。因为我们期盼已久的真正认识了解中国的行程就要开始了，不再像普通游客一样只看面上的景点，而是要通过与湖北不同层面的人的接触，去认识了解一个真实的湖北，通过这个缩影去看今天的中国。当然我们在北京的感受是，空气至少不像媒体报道的那么糟糕，晴空万里，而且幸运的是，我们刚好见证了北京阅兵盛典。

从漳河水库看环保治理

在武汉调整了一晚，我们驱车前往荆门。我们的线路，从荆门、钟祥再返回武汉。

在荆门人大的几位同仁的陪同下，我们考察了漳河水库。

漳河位于湖北省中部，1958 年 7 月开工，1966 年竣工，是湖北省管辖的最大的水库，中国知名的人工水库之一，也是湖北省重要的商品粮基地。水库功能以灌溉、供水、防洪为主，兼有发电、航运、养殖等综合效益。

人大的同仁向我们介绍了当初如何在艰苦的条件下，在没有现代化的机械设备的情况下，完全靠人工建成了这座壮观的水库，有 200 多人在建设中献出了宝贵的生命。我们惊叹于中国人的勤劳、勇敢和坚韧！

考察荆门市

漳河风景宜人，水质优良，是一处旅游胜地，而当地是如何处理经济开发和环保的关系，以及人大起了什么样的作用和功能，这是我们很感兴趣的话题。

人大朱新富主任介绍说，其实在环境保护和经济发展中，他们也曾遇到过困惑和矛盾。随着旅游业的兴起，一些企业也曾在漳河岸边建起了游乐场所、水上餐厅。虽然经济上创收了，但对漳河水质及周边环境造成了污染。人大意识到这个问题后，专门到千岛湖及中国其他城市考察调研，吸收其他城市的经验教训，然后向市政府递交了关于保护漳河生态环境，取缔水上经营场所的报告。在他们的积极努力下，政府做了大量整治工作，现在已没有了水上经营场所。

我们为人大所做的工作称赞，也为当地政府的环保意识和采取的环保措施而感到高兴，因为他们考虑的不是眼前的利益，而是为了我们全球的下一代创造良好的生态环境而做出了努力。

在钟祥参观新农村

中国农村一直是我们向往和考察的地方，作为普通游客，我们很难有机会到农村去，和农民面对面交流，了解他们的生产和生活状况。这次在德国湖北友好协会和钟祥人大的带领下，我们亲眼见到了中国的新农村——彭墩。

走进彭墩，一股泥土的清香扑面而来，每到一处，统一规划建设的村民住宅、干净宽敞的村庄大道、美如风景画的村庄绿化都让我们觉得很新鲜，心灵深处也感受到一种震撼和冲击，因为这些画面颠覆了我们对中国农村的印象。

我们随机走进一户农家大棚，忙碌的主人在百忙中很热情地接待了我们。这是一家胡姓人家，夫妻俩在大棚里正忙着收摘黄瓜，装箱打包。大棚旁边是个简易的厨房，可以看出这户人家的勤劳与俭朴。胡姓主人向我们介绍他们主要种植有机蔬菜，虽然辛苦，但收益不错。特别与农业产业化以前比，年收

村民别墅

入提高了5倍，达到十万。以前一年忙到头，辛辛苦苦，缺乏销售渠道和不了解市场行情，有时还要亏损。现在村里把市场销售都解决了，自己只要集中精力种好田，年底还有分红。孩子也在武汉上大学，农闲时还可到外地旅游，这是以前都没想到的，夫妻俩对自己的生活状况很满意。

我们很想知道年轻一代的农村人是否也愿意像他们的父母一样种田，他们又是什么样的生活方式。陪同我们参观的是一位年轻的女孩子，姓刘，穿着打扮和城里女孩没什么区别。她向我们介绍说，彭墩改制前，也是很穷很落后的一个村子，大多数年轻人都去沿海城市打工，她也在浙江沿海工作了几年，后来看到家乡建设好了，在村里收入比外出打工还挣得多，而且和家人在一块，就又回来了。年轻人回来，大多自己开店，做农业旅游和服务项目。

在一排排别墅前，我们见到一些老人围坐在家门口打牌，便走上前去和他们交流。村里人都很热情，他们停下打牌，招呼我们进家里喝口水坐坐，这么冒昧地打扰人，令我们心里很不安，但他们纯朴的民风和灿烂的笑容打消了我们的顾虑，让我们有一种温暖的感觉。他们向我们讲述了产业化改制前对新的合作方式的顾虑和搬迁的经历，以及到后来看到生活的逐渐改善，有了作为彭墩人的自豪和优越感——因为现在想成为一个彭墩人并不是那么容易的事。

和村民交流

是不是所有农村都是这种生活状况？人大薛主任介绍说，彭墩是一个成功的试点，钟祥现在在做“一加四”的推广项目，希望把这种模式结合各自村落的特点推广出去，让更多的农民享受到新农村建设带来的物质生活条件和生态环境的改善，逐步缩小与城镇的差距。

我们也了解到，农村城镇化的过程也不是一帆风顺，政府在推进的过程中也会遇到很多困难和阻力，尤其是意识的转变还需要一个过程，但不管怎么说，农民的生活水平提高和改善了，政府也在做积极努力。我们相信，等我们过几年再来考察时，这里会涌现出更多的新农村。

让我们吃惊的不仅是农民生活条件的改善，我们随后考察了一所农村小学，学校的现代化教学设施和教学条件也是出乎我们的意料。教师和学生的人数配备和德国差不多，这和我们先前想象的农村学校缺老师、缺课桌椅的情况完全不一样，而且孩子们还和我们用英语进行了简单的交流。陪同考察的人员向我们介绍，这只是一个普通的农村小学。

考察钟祥

对新农村的考察、与农民的交流和对农村小学的参观，完全改变了我们以前对中国农村的想象，虽然他们的基础条件和设施没有德国好，也还存在着一些问题，但他们积极进取、不断改变农村面貌、提升生活质量、追求美好生活的愿望却感染着我们。我们坚信，他们的生活会越来越美好！

走进普通人家

能够有机会看看一个普通中国小城市家庭的生活，也是我们所期待的。

丁丁同学在德国留学，恰巧假期回到家乡，我们如约来到她的家里。

这是一个典型的三口之家，丁丁同学的父母都是工薪阶层，住在 17 层高的 140 多平方米的高楼里。房间宽敞明亮，舒适简洁又不失时尚。丁丁同学的父母热情地带我们参观他们的房间，一一介绍卧室、书房、客厅、餐厅……房间布局和德国家庭差不多。我们好奇，钟祥的一般家庭都这样吗？丁丁爸爸介绍说，他们只算中等水平，一般的家庭也差不多这么装修，也有条件好的，装修得更豪华，他们只算得上简约型。

好客的丁丁父母为我们准备了丰盛的家庭宴，我也生平第一次学会了包饺子。看到一个普通的中国家庭其乐融融、温馨幸福的画面，我们想起了远在荷兰留学的女儿。

饭后，他们带我们出去散步，广场上一拨一拨的人在跳着不同的舞，欢快愉悦。他们介绍说，在中国这叫广场舞，大家都非常喜爱这项运动，这里的群众生活很丰富、活跃。为了不影响他人生活，晚上九点活动会陆续结束……人们脸上喜悦的神情、欢快的舞步，不仅显示出他们对生活的满意，这种情绪也感染了我们，吸引着我们也忍不住想加入进去跳一曲。

在钟祥这个百万人口城市——长寿之乡，我们不仅感受了它的文化底蕴的深厚，品尝到可口的菜肴——蟠龙菜，呼吸到清新的空气，而且看到了它蒸蒸日上，焕发生命活力和生机的一面，真的是一个宜居的城市。

武汉人应该为自己的汽车品牌自豪

在武汉，我们考察了沌口开发区的中德工业园。

开发区领导开明务实的作风、开放的办公环境及绿化建设给我们留下了深刻印象。在汽车设备生产车间，德国总经理向我们介绍了中国在科研创新实践方面快速发展的情况。很多科研创新成果，德国还没投入生产，中国已经走在前沿，使用到汽车配件上了。武汉产的汽车，在一些零配件上已超出了德国。和中国人谈到德国，大家都会说德国汽车质量好，通过德国总经理的介绍，我们想，武汉市民也应该为自己的汽车品牌自豪。德国奔驰宽敞，但是体积大、占位置，武汉人多，车流量大，

考察武汉经济开发区

武汉产的车小巧灵活，而且配备了最新的研究成果，应该更适合武汉市场，这应该是让武汉人感到骄傲的地方。一个民族企业的复兴，首先应该对自己的产品充满信心。

历经周折，我们终于找到了张之洞与中国近代工业博物馆。虽然没有开放，但却了结了我们一桩心愿，终于在中国见到建筑大师李博斯金设计的作品。博物馆的设计理念和造型都非常超前，把武汉“敢为人先，勇立潮头”的精神风貌很好地表现出来，这也是一件值得武汉人引以为豪的事情。

终于登上了黄鹤楼

我们是从《黄鹤楼童话故事》一书的创意中，感受到这个城市敢为人先的精神风貌的，也是这本书促使我们踏上中国这片土地。不管是武汉开发区园区领导所体现的开放开明意识，还是张之洞博物馆的设计理念……都让我们进一步体会和感受到了这座城市的创新意识和敢为人先的精神。

黄鹤楼前合影（从左至右为教授夫妇，马克博士，吴克坚主任，周俊博士）

当我们终于登上黄鹤

楼，远眺龟山，心情格外激动。重温童话故事的情节和画面，再次体味童话和现实交织的场景。作为社会学家，我们总想通过深入的了解，探悉企业精神和文化，因为通过企业和文化，可以折射出一个城市的风度气韵。

黄鹤楼的主管吴克坚主任亲自陪同我们了解黄鹤楼背后的企业文化。

为了将中国传统文化生动形象地展现出来，他们还有一支专业表演队伍，用音乐和舞蹈来传达楚风神韵。我们尤其感兴趣的是他们全体员工参与表演的快闪节目，在欢快的节奏下，一个积极向上、充满青春活力的企业团队呈现在我们眼前，他们带给我们的不仅仅是惊喜，更是一种团结向上的精神……

武汉小吃

提到武汉，不得不提到武汉的小吃。除了品尝到《黄鹤楼童话故事》中提到的藕汤——我们生平第一次品尝到藕、新鲜的莲子，我们流连于户部巷，香喷喷的热干面、汤包、烧卖、豆皮、面窝……数不清好吃的东西在等着你。先前就听说，如果你在武汉吃早点，每天尝一个品种，一个月你可以每天吃上不同的小吃……果然名不虚传，我们差不多每天都会尝到不同的菜肴，健康营养，色香诱人。

短短的一周很快过去了。谢谢德国湖北友好协会的周到安排，也谢谢湖北省人大、荆门市人大、钟祥市人大、武汉经济

武汉小吃热干面、豆皮、面窝、汤包

开发区、黄鹤楼公园管理处等很多我们无法一一列出名字的工作人员的帮助和陪同，让我们得以完成对湖北的考察。

虽然每天的行程排得满满的，大家也累得精疲力尽，但每次都有不同的收获，也谢谢湖北武汉带给我们这么多惊喜。湖北之行让我们认识了解了一个不一样的中国！

武汉，我们期待着下次再见！

（布瑞格丽达和克里斯托夫教授夫妇讲述，

周进、丁玉婷、周俊整理）

15 从《黄鹤楼童话故事》到中德青少年环保合作

——访欧洲环保行业协会主席哈仁康普

欧洲环保行业协会副主席　哈仁康普

哈仁康普先生是欧洲环保行业协会主席（该协会由16个欧盟成员国的18名成员组成，超过3.4亿欧盟公民，70%的欧洲总人口通过该协会的成员单位获得其环卫管理服务）、德国公用事业管理协会副主席（德国公用事业管理协会由来自全德能源、供水、污水处理、废物管理及城市环卫系统的1 428个成员单位组成，主席团成员10名）、明斯特环卫局局长。哈仁康普是世界公认的环卫管理资深专家。

对欧洲环保行业协会主席哈仁康普先生访谈录

能够“逮住”环卫局局长哈仁康普可不是件容易的事，由于他出色的领导才能和杰出的工作能力，他担任的行业管理工作也越来越多，越来越重要，职务从明斯特，到全德，再到欧盟，一节节高升……行踪从柏林，到布鲁塞尔，再到德国各个城市……不断变化，他说，那天能预约上他，实属我运气好！

德国明斯特市是世界上生活质量水平最高的城市，人均拥有两部自行车，素有德国的“自行车城”之称，也是德国著名的环保城。联邦德国第一任总统霍伊斯曾说，明斯特是德国最美丽的城市。2004 年，由联合国环境规划署和国际公园协会联合举办的世界上生活品质最高的城市评比中，明斯特在景观的改善、历史文化遗产的管理、环境的保护、公众的参与、城市可持续性发展五个参评标准中，以绝对的实力和优势获得金奖。

明斯特环卫局为明斯特获得世界上生活质量水平最高城市的荣誉称号作出了有目共睹的贡献，而他们“以人为本”的环卫管理模式更是大家学习的典范。在我向哈仁康普局长表示敬佩时，他说：

思想观念的转变是一个长期的过程

因为意识的培养不是一个短期行为，它需要几代人的努力，要做好持久战的准备。但是一旦这种意识形成，就会对城市环境的可持续性发展起到不可估量的作用，所以意义也非常重大。大家看到今天的明斯特环境优美，但在几十年前却完全不是这样，那时大家没有环保理念，随地乱扔垃圾，破坏绿化的现象也很多，我们在市民参与机制和市民调研方面做了不少工作和创新。

一、市民的积极参与是环卫管理工作的重要因素

环卫局局长哈仁康普在谈到管理经验时说：

环卫工作离不开市民的积极参与。明斯特有近 28 万人口，而环卫部门仅有 300 人左右，一个城市的环境卫生工作仅靠这 300 人来管理、来清洁美化是远远不够的，所以调动市民的积极性，让市民参与到美化城市的建设中来是一项重要工作。

明斯特环卫局有一句口号：美丽干净的城市总是离不开两个重要因素，你们和我们。

纪录片《一个环卫工人的一天》拍摄中

把市民的参与放到首位，而不仅仅是强调环卫部门的工作，会让市民有一种城市荣誉感，增强他们参与城市建设的热情和积极性。应该说，这是明斯特环卫管理工作中的一个重大转变和调整。以前我们总是强调我们环卫部门该如何努力，该

如何下大工夫做好环境美化工作，而忽视了一个很重要因素——市民的主体功能，这是一个很大的资源损失和浪费。试想，市民前期不积极配合做好环境卫生的前端工作，或者破坏环境卫生的管理原则和规则，我们永远在后面做清洁工作。不做好源头工作，我们后期的工作就会永远没止境。

要想让市民积极参与到城市的环境美化工作中来，首先要让市民认识和了解环卫工作。为此环卫局成立了专门宣传策划部门和新闻发言人，通过多种渠道和方式为自己做宣传。

明斯特环卫局策划部门通过走出去和引进来等方式加强和市民的沟通与了解。他们在车站、街头、车身做广告，广告语多为温情地鼓动市民的语言。比如“我们感动城市”。“我们”在这里指市民和大家。同时环卫局还积极出资参与城市举办的大型活动，搭建自己的舞台，比如每年的城市“欧洲节”、明斯特国际马拉松赛跑、圣诞节等，借助大型城市活动让市民认识环卫部门。

拍摄纪录片《一个环卫工人的一天》

环卫局策划部每年要制作大量的向市民介绍环卫和垃圾处理的图像和文字资料，这些资料都是免费发放给市民的。比如为了更生动、详细地向市民介绍环卫工作，环卫局策划部邀请专业摄制组，跟踪拍摄环卫系统的各个部门。比如，拍摄纪录片《一个环卫工人的一天》，将环卫工人们早上上班，到各个街道收集、清理垃圾桶，到后期的垃圾分拣等整个工作流程，制作成录像带。通过他们工作的内容和过程，让市民了解环卫工作的幕后过程，市民认识了解了这些复杂的过程，也会在日常的生活中自觉做到垃圾分类，这些都会对市民配合环卫工作产生积极影响，也会提高市民的环保意识。

他们还走向各个居民小区，分发资料和现场演示垃圾分类。在垃圾分类初期，很多市民对分类的概念不是很清楚，很容易把分类标准混淆成一团。环卫部门在分发资料的同时和小区负责人联系，召集居民区的市民集中起来，现场从一个居民家里把分好类的垃圾倒出来，重新给大家演示讲解哪些垃圾分类正确、哪些错误，让大家从实践中掌握分类的原则。

环保意识从娃娃抓起，也是环卫局策划部门工作的一个重

对环卫工作充满好奇的孩子们

点。从幼儿园到中学，环卫部门和这些学校联系，开设环保课，由环卫局派出专业人士（这些人士指既有环境管理经验又经过教育学培训的专业人士）到学校授课。他们会带去实践教材，在课堂上向学生们介绍垃圾的循环利用、垃圾场的各个处理环节。这样既丰富了课堂知识，也让孩子们从小培养了环保意识。特别是针对幼儿园的小朋友，他们专门和教育学专家编排了一套垃圾分类情景剧，让每个孩子扮演角色。一个可爱的布娃娃，每个小朋友给她喂食，结果布娃娃肚子痛，为什么呀？原来大家没分类，小朋友们再重新排演分类喂食，结果布娃娃健康快乐地成长。指导老师通过这个情景剧告诉孩子，在家里也要养成垃圾分类的习惯，否则垃圾桶会像布娃娃一样肚子痛。如此充满童趣和情趣的故事很容易让孩子们记住。

环卫局成立 10 周年庆典，
孩子们争当一天小清洁工

除了走出去，他们还引进来，把孩子、学生、成人带到垃圾处理场来参观。市民通过网上报名，每 30 人一组，从垃圾分类到后期处理，现场参观讲解，把垃圾处理场变成生动的课堂。2006 年在环卫局成立 10 周年庆典的那天，垃圾处理场全面开放，所有市民都有机会了解各个部门的运作环节，孩子们在大人陪同下当一天清洁工，模拟开垃圾收集车，满足了市民对垃圾处理工作的好奇心。环卫局还设有垃圾图书馆，既有图像也有文字资料，垃圾的历史、法律法规的设定、循环经济的利用等一系列专业文献对市民开放，大家都可以随时借阅，也有免费发放的。垃圾处理场成了理论和实践教育相结合的基地。很多学校的环保实践课是在垃圾场完成的。

环保部门和市民的互动，既让市民对环保工作有了认识和了解，也增强了市民的环保意识。

明斯特市民强烈的环保意识也带动和促进了全市的环保工作。明斯特每年有个“美化明斯特”的活动。一周的时间，有来自各团体、学校等几千名市民自发参加全市活动。而这项活动的发起者却是几个市民。几年前一些市民抱怨虽然明斯特的

10 周年庆典，开放垃圾场

大街、主干道都很干净，但在一些偏远、偏僻的地方，比如市郊的公路旁、停车场等还有一些人扔下的垃圾袋、烟头和废纸等，与明斯特的城市美很不协调。于是他们自发组织开展清洁城市活动，后来他们找到环卫局，建议全市开展这项活动。环卫局觉得他们的建议很好，就和市政府联系，就这样这一活动在全市推广开来。在德国明斯特是第一个开展这项活动的城市，几年来每年参加的人数都在增多。这项活动不是靠行政命令，主要靠主管部门的倡导、各个协会和民间组织的协调合作和市民的自发参与。据了解，第一年参加捡垃圾的人有三千多人，第二年增加到五千多人，现在每年递增。为了鼓励更多的市民参与，政府还设立了一个奖项，奖给捡垃圾最多的市民。每次活动市长都亲自参加。分管环卫的女市长埃斯曼说："这项由民间带动和倡导的活动充分体现了市民当家做主的豪情和意识，正是这种豪情和意识，构建了这个城市的生命框架。"

二、通过科学而有效的社会调查机制，贯彻环卫管理工作中的"人本"思想

环卫局局长哈仁康普介绍说：

环卫工作就是要为市民创造良好的生活环境和生存质量空间。要有"以人为本"的思想，这就要求我们及时准确了解掌握作为"人"的这个主体需求是什么。要科学地获取需求信息，就有必要通过科学而有效的社会调查机制，有针对性地做社会调查。尤其是我们在制定某项政策之前，更有必要及时准确了解、掌握市民的意愿，充分考虑广大民众的意愿，从而制定出

符合广大民众利益的政策。

环卫局每两年会委托明斯特大学的社会调查中心对全市做社会调查，了解市民对环卫工作的意见和想法，其中也有一项是对局长工作的满意度的调查。这些调查结果也会对市民公开。在谈到建立调查制度初期，哈仁康普局长解释说，先前环卫局也设立有网上的意见箱、投诉电话等，但仅有这些并不足以了解市民的全部需求，它有很多局限性。寻找一个科学而权威的专业调查机构很重要，它可以帮助我们获得真实而有效的信息，这对我们改进和提高工作有很大帮助。当然这种民意调查对管理者本身来说也是一个很大的挑战，对我个人来说，市民对我工作的意见、不满，我们工作不到位的地方会通过调查机构的分析、归类、总结，赤裸裸地呈现在市民面前，而且有的批评很尖锐。面对这些批评，每个人心里都不会好受，很有点花钱买骂的感觉。我也经历了这个过程。好在我们领导班子成员的头脑都比较清醒，大家逐一从调查结果中找自己工作不足的地方，制定改进措施和步骤。市民的问卷中也提到了很多很好的意见和建议，我们也受到很多启发，这些都为我们的后期工作提供了大量帮助。在我们需要制定某项制度前，我们也会通过问卷调查的形式征求市民的意见，因为这些都关系到每个市民自身的利益，所以他们会把真实的想法反馈给我们，这些都为我们新的政策制度的制定提供了有效的参考依据。你只有知道了大家的真实想法，才能更好地为大家服务，这也是我们每两年坚持做一次社会调查的原因。从社会调查中，我们也受益匪浅，毕竟集思广益。我们实施的很多很好的举措也来自民间，比如我们先前的关于环卫资料的说明只有德语一种语言，后来市民建议，明斯特是一个民族多元化的城市，市民来自世界各地160多个国家，后来我们挑选出语种多的几个国家，将说明扩充为7个版本的不同语言，满足了不同语种市民的需求。

只有通过科学的手段，真实地了解了市民的想法，才能更好地为市民服务。只有更好地为市民服务，才会鼓励和调动更多的人参与到环保建设中来。只有更多的人参与到环保建设中来，才会促进我们整个社会生态环境的协调发展，因为社会生态环境的协调发展是我们人类共同的命题和使命，它需要你、我、他，大家的共同努力。

在谈到与中国合作时，他说：希望在中国建成首家德中青少年环保培训基地

以前我对武汉并不熟，也不了解这个城市，是《黄鹤楼童话故事》这本书让我认识了武汉。我没去过中国，这本书也是我接触的第一本介绍中国的书，所以给我留下了深刻印象。我很喜欢这本书，它也是中国第一本向我介绍自己城市的书。后来德国湖北友好协会的几个会长也分别向我介绍了武汉这个城市，让我感受到武汉是一座充满生机活力和具有创新意识的城市。

我非常感兴趣的是，儿童读物这种形式让我想起了，我们环卫局所设的青少年环保培训机构。我们有环保图书馆，分不同年龄层次，3岁以下，3岁到幼儿园，幼儿园到小学，小学到

哈仁康普局长展示儿童书

中学……有针对老师及幼教工作的，有针对儿童的……大家免费在我们这里借阅，我们也派人到各个学校传授普及环保知识。我们的开放日，小朋友可亲自来体验，我们还发明了不少与环保有关的儿童玩具和游戏，让孩子们在玩乐和游戏中增长环保知识……这套青少年幼儿环保教育体系我们已建成二十多年，有丰富的实践经验。

这个项目不仅受到德国市民、幼儿和青少年的欢迎，也得到国外同行称赞，如日本也来学习考察和推广。

环境保护是我们全球面临的课题。我们每个人和每个国家都应该为全球的环保做出自己的一份努力，所以环保意识的培养从儿童抓起就格外重要，也就需要建立一套完善的教育培训体系，这不仅仅是德国、欧洲要做的，它更需要全球的共同参与。

中国垃圾分类已经试点推行了十多年，这是一个非常好的举措，因为它关注了人类命运共同体，我希望在中国建成首家德中青少年环保培训基地，我们可传授我们二十多年的青少年环保培训经验，中国也可派管理人员及青少年来我们这里考察学习，大家共同为环境友好型、资源节约型社会做出贡献。

（周俊）

16 “博物馆非常荣幸收藏《黄鹤楼童话故事》”

——访德国童话故事博物馆馆长汉娜博士

德国童话故事博物馆馆长
汉娜博士

非常感谢《黄鹤楼童话故事》这本书，让我有机会了解来自充满中国特色的童话故事，这是一本非常好的书，我非常喜欢。作为一个长期研究童话故事的专业人士，我觉得这本书，不管是故事情节、配图、故事中人物性格的描述，还是它阐释的充满哲理的寓意，都非常棒。我很喜欢故事中的那位老先生，不仅仅是他的人物造型让我喜欢，还有他的智慧和带给我们的生活哲理。

这本书还有很多创作上巧妙的地方，比如书中辛氏餐馆提供的深受大家喜爱的菜肴，刚好又是武汉的特色饮食——排骨藕汤、菜薹等，我以前压根不知道荷花下面还有藕，也不知道藕长什么模样，更不知道藕还可以吃，有机会，我非常愿意尝尝这种神奇的藕和武汉菜薹。除了把武汉特色饮食自然地融入故事情节中，还有武汉的市花——梅花也很自然地融入故事中，最后又介绍现实中的武汉有世界上最大的梅花植物园，又再次引起读者想去参观梅花植物园的兴趣。

这种故事结尾对武汉这座城市简要背景介绍的方式，非常有新意，让我这个以前对武汉根本不熟悉的人，也喜爱上了这座城市。

所以我把它收藏在我们的德国童话故事博物馆，我希望有更多的对童话故事感兴趣的德国小朋友也能够有机会阅读到这个来自东方的童话故事，通过这个故事，明白生活的哲理。我想他们也会喜爱上武汉这座城市的。

当然，我觉得如果有可能，有一本中德文双语版，或者英文版的《黄鹤楼童话故事》，也是一个不错的主意。

（周进　佘惠桃）

17 “《黄鹤楼童话故事》是一本深受小朋友喜爱的课外读物”

——访小学教师贝格斯女士

小学教师贝格斯给学生朗读《黄鹤楼童话故事》

这是我看到的第一本来自中国的童话故事书，我是带着很好奇的心情看完这本书的，觉得非常不错，书中的故事寓意和德国童话《渔夫和金鱼的故事》相近，但又有所不同。形式和表现方式上都很有自己的特色，我很喜欢，所以就放在教室里，推荐给小朋友作为课外读物。没想到，小朋友都非常喜欢，大家争相阅读。对小学二年级的小朋友来说，这正是他们学习朗读的阶段，这本书非常适合他们朗读，而且还有一点非常好：书的插图不仅精美，而且能让小朋友看图说话，把图看明白，故事也就清楚了。

我们有朗读课，我们会在小朋友的课外时间组织大家分组朗读讲解，大家也会开展讨论，提出自己的看法。比如，有的小朋友非常喜欢会跳舞的黄鹤，有的喜欢勤劳的乌龟，有的喜欢睿智的老先生，有的说要学习辛氏早期的乐于助人，不要学她后来的贪婪……这个故事很有教育意义。我们也会拿它和《渔夫和金鱼的故事》作简单的对比分析，让小朋友了解德国童话故事和这本童话故事书的区别，认识中西方文化的差异……小朋友们也听得津津有味。

总之，这本书给大家耳目一新的感觉，是小朋友们非常喜欢的一本课外读物。

（周进　佘惠桃）

18 “《黄鹤楼童话故事》是德国儿童图书市场多元化的补充”

——访书商戴安娜女士

书商　戴安娜

从看到书的第一眼，我就喜欢上它了。书封面的版面设计就很吸引人，充满东方建筑风格的城楼，黄鹤、蛇、乌龟可爱的造型，绽放的荷花，很艺术的中国文字“黄鹤楼”三个字……这些对德国小朋友来说，都会引起他们的好奇心。

从故事寓意来说，有人会联想到《渔夫和金鱼的故事》，但我觉得，其实《黄鹤楼童话故事》比《渔夫和金鱼的故事》更精彩和更有说服力。因为《渔夫和金鱼的故事》，大家看完，知道是假的、虚构的，但黄鹤楼的故事，读完之后，给人真实的感觉，因为每个人物的描写和刻画都很真实，有变化，有发展，特别是故事结尾的背景介绍，真实的黄鹤楼的再现，让人感受到故事的真实性，对小朋友来说，非常有说服力。

还有另一个特别之处，那就是城市和童话的故事。德国很多城市都与童话故事有关，也有很多人是通过童话故事认识一个城市和一个地方的，比如通过《城市乐手》这个故事认识了不莱梅这个城市，通过《睡美人》知道了沙巴堡……而我是通过《黄鹤楼童话故事》认识了武汉这座城市，这也是我第一次通过一个童话故事认识一个中国城市。我想对于大多数德国人来说，也是第一次，因为你到书店里去看，没有关于中国城市的童话故事书。

还有一点我想说明的是，这本书的出现，对德国儿童图书市场是个非常好的多元化的补充。我们的儿童市场，图书也好，动漫也好，都被好莱坞文化充斥，大量的美国文化影响着我们的儿童，如果有更多的像《黄鹤楼童话故事》这样的优秀传统的中国文化能引进介绍到德国来，也会丰富德国儿童对中国、对世界的了解，而不仅仅谈到世界，就被美国文化占据。

当然，我希望能有一部通过《黄鹤楼童话故事》改编的动漫问世，我想，它也会像这本书一样，深受小朋友喜爱和欢迎的。

（周进　佘惠桃）

19 “会跳舞的仙鹤，是我们最喜爱的第二个来自中国的卡通形象”

——访小读者钱德勒和基米兄弟

这是我们弟兄俩接触的第一本来自东方的童话故事，我们非常喜欢。尤其是黄鹤，它是我们除了功夫熊猫外最喜爱的来自中国的卡通造型。通过这本书，我们知道了中国除了功夫熊猫，还有会跳舞的仙鹤，还认识了解了蛇和乌龟在中国的含义，非常有意思，这和德国完全不一样。

德国小朋友钱德勒和基米兄弟

我们有个梦想，希望有一天能亲自到黄鹤楼看看，探寻童话故事的踪迹，这一定是件很激动人心的事。

哥哥钱德勒：我现在在学法语，我把这个故事讲给我的不少法国小伙伴听了，他们也很喜欢，问有没有法文版的。因为有个小伙伴去过武汉，说那里有不少法国人生活，但大家都还没见过法文版的《黄鹤楼童话故事》，他让我转告一声，说非常希望能看到法文版的《黄鹤楼童话故事》。

（周进　佘惠桃）

20 记者协会副主席托马斯博士谈《黄鹤楼童话故事》

德国明斯特地区记者协会副主席
托马斯博士

托马斯博士，55 岁，德国明斯特地区记者协会副主席，记者协会有七百多名会员。托马斯年轻时的梦想是做驻外记者，在做好记者本职工作外，还可以有机会了解世界各地的风土人情。可惜由于种种原因，这个梦想没能实现。他说，他对中国的了解来自媒体的报道，只知道中国发展很快，空气质量不好，贫富差距大，中国人吃猫蛇狗。也许他代表了大多数对中国不认识、不了解的记者对中国的印象。

他说，《黄鹤楼童话故事》让他对中国的认识创下了很多第一。

《黄鹤楼童话故事》是他接触的第一本关于中国的书；

他学习的第一个中国单词——黄鹤楼，虽然发音不太准，但让他感觉到学中文还有那么点意思。

他第一次了解到，原来仙鹤、乌龟、蛇在中国都有特殊的象征意义，而且还是非常积极的正面形象，有吉祥、长寿的意思，明白了中国文化还挺有内涵和意义的。但他不明白的是，为什么中国人又吃蛇和乌龟呢？中国文化也有让他不解的地方。

他说他喜欢的人物是辛氏，因为辛氏刻画了一个真实的人物形象，从贫穷时的勤劳、热心助人，到有钱后的贪婪无度，又到对自己变“恶”后的反思，决定从善，并修建黄鹤楼以自身经历告诫众人，这点不同于西方文化。《渔夫和金鱼的故事》最后，渔夫和妻子失去了一切就结束了，而中国的辛氏却反思自己并用行动告诫他人。由此看出中德文化在处理方式上的差异。他说，现实生活中，很多贪婪无度的人却往往积累了大量财富，上帝好像处理不公，因为生活中的恶人并没有得到恶报，这又是童话故事和现实生活的不同，这让他觉得无助。

不过能够多了解另一种文化，也让他开阔了视野。他说，他特别喜欢老先生留下来的那把酒壶，很新奇，很有意义。酒壶只能装百分之七十的酒，多了就会溢出，时刻提醒人们不要太过贪婪，他很希望家里能有这样一把东方酒壶，既有实用价值，又寄寓了东方文化的深刻含义。

他说，黄鹤楼书中介绍的吃的，也让他第一次知道藕原来可以食用。他上网查了资料，藕的功能作用，除了食用外，还有滋补药用价值，莲子也是。这是他以前不知道的。中国饮食还有药用功能，他非常感兴趣，他还专门跑到亚洲店，看到了真实的藕的模样。他决定也尝试做做武汉的排骨藕汤，味道一定很不错，还有武汉的菜薹，他也特别想尝尝。童话故事中介绍的武汉小吃，又配上真实的图片，很能引起读者的食欲，这本书很巧妙地通过童话故事为武汉特色饮食做了宣传推广，这个主意真不错。

看了《黄鹤楼童话故事》这本书，查了武汉的特色菜肴后，发现中国居然有那么多绿色食品，真让他羡慕，而不像德国，一年四季就那么几样蔬菜，也消除了以前他对中国饮食的片面认识——大部分中国人吃猫蛇狗。

他说，他一直在想，中欧班列（武汉）从武汉开往德国，为什么不能捎带些在德国没有的武汉的蔬菜，没准还会成为德国的畅销饮食！

他说，他期待着这天，在德国的市场，看到来自武汉的莲藕和菜薹！

（周俊）

21 马克博士谈《黄鹤楼童话故事》创作背后的故事

明斯特大学社会学系常务主任马克博士

马克博士，德国明斯特大学社会学系常务主任，《黄鹤楼童话故事》主创人员之一。以下是他讲述的《黄鹤楼童话故事》创作背后的故事。

“敢为人先，追求卓越”的武汉人

我是2006年随德国新闻代表团考察湖北时第一次接触武汉的。时间一晃过去了十年。这期间，由于工作的关系，我也多次到过武汉，所以说见证了武汉这十年的发展变化，有一个简单的例子可以说明。有一个居民大院，十年前我去的时候，大院里摆满了自行车，修建了自行车停车棚。过几年再去，自行车和摩托车混合停放。再过几年，停放了小轿车。现在是，大院里已停放不下小轿车，延伸到大马路上了……

特别是今年夏季，再次去武汉，可以说，武汉市发生了巨大的变化，城市的绿化变多了，市民的生活条件、质量和家居环境都有了非常大的改善和提高。到处修路不假，堵车也没错，但已建成的各条城市线路给交通带来了很大便利。我想在建的地铁和高架桥修好后，武汉一定会更美。为什么对此我充满信心？因为从武汉管理者的身上，从和他们的接触了解中，我看到了一种精神，一种“敢为人先，追求卓越”的城市精神，这种精神让我坚信这个城市会越来越美好。

因为工作的关系，我会经常接触一些中国不同城市的管理者。以前，在我们的印象中，中国沿海开放，经济活跃是与那里领导者开明开放的精神和管理意识有关，中部的领导者会差点，西部会更差，而且在我们和中国沿海城市开设的市长培训课上我都感受到了这点。后来随着我和武汉领导及管理者接触，我发现我最初的印象是错的，特别在和武汉合作创作《黄鹤楼童话故事》的过程中，我更深刻地感受到一点，武汉人身上确实有一种“勇于创新，敢为人先”的精神。

我们做中国文化对外传播的研究已有十多年了，发现中国其实有很多非常好的故事和素材，只是缺少策划和包装，不知道怎么向西方阐释清楚。通常他们会沿用中国传统的模式和表现方式，用高大上的形式去表现自己的城市，很少从细节和点上着眼。而这些又往往不被西方接受，有的甚至用我们觉得反感的表现形式，这使得双边在认识和理解上出现很多偏差和误解。而为什么会出现这种情况？是因为他们缺乏对西方受众的调研，不知道受众对什么感兴趣、喜欢什么、不接受什么。更不知道用国际化的方式和手段去推广。一句话，缺少基础的调研工作。

这点和德国工作方式不一样，我们做什么项目，通常会花很长时间做前期调研，投入非常大的人力和物力做前期准备。当然，在中国看来，我们工作慢，但从最后的结果看，绩效并不差。所以在中国文化对外传播中，我们率先提出，要针对不同受众采用不同的方式做宣传，要使用不同的语言，要对市场做调研。

虽然这个道理讲起来很简单，但在实际运用中却遇到很多困难，因为它是一个思维模式转变的问题。对很多人来说，最难的是思维方式的改变。不少中方管理者更愿意做短平快的项目，希望马上看得见所谓的成效。比如翻译了一本书，拍摄了一部片子，在西方媒体上刊登播出，至于效果怎么样，没人去管去研究，更不要说前期花精力做市场调研。

做企业的都明白，你要开发一个国际市场，第一步就是做市场调研，了解市场需求，然后有的放矢，但在文化传播领域，很少有人会想到借助这种方式。

有一些稍开明的人士会认为，对不同国家的文化传播，就是把语言翻译成不同国家的文字。其实，这又进入了另一个误区，因为你诠释的模式和方式还是中国式的，还是缺乏对传播对象的认知了解。所以说，这不仅仅是语言文字转换的问题。

在我们最初和中国做文化传播的领导者谈到这个问题时，有的不理解，不明白为什么要做调研，认为多余，因为从来没有哪个部门花时间和精力做这些事；有的觉得非常有道理，它的思路从理论上是对的，解决了长期困扰文化传播的一个瓶颈问题，但没有先例，没人这么做过，还在等待观望……直到我们碰到武汉园林局负责人苏霓斌先生和黄鹤楼的吴克坚先生，他们的行动让我很是吃惊，他们不仅马上接受了这一理念，而且邀请我们给他们做报告、开讲座，把国际上先进的手段和方式介绍给中层管理者。在讲座中，他们反馈热烈，迫切希望走出国门，让国际上更多的游客认识了解武汉、了解黄鹤楼。这种心情及折射出的对自己家乡的热爱深深地感染了我们，让我们深受感动。

说实在的，我是没想到武汉有这么快的行动和反馈，特别是别人还在观望的时候，他们用行动证明了武汉敢为人先的精神。

虽然我们前期花了很多时间做市场调研，但整个作品的效果和反馈要超出我们的预想，因为它是传统做法十年、二十年、几十年都无法达到的效果。不仅德方反馈良好，而且中方也认为这是中国文化对外传播的一个新的里程碑。实践的结果也更加论证了我们最初的理论创新的正确。思路决定出路，观念决定方向。

我们提出的理念和思路现在不仅被大家理解接受，一些部门也开始实践尝试和推广运用起来。

从这本书的创作和合作中，我感受和体会到武汉园林局和黄鹤楼管理者的创新意识和精神，后来有机会接触武汉市其他领导，不管是前市委书记阮成发先生、市长万勇先生，还是宣传部部长李述永女士……在和他们的交流和接触中，我也深深被他们“敢为人先，追求卓越”的精神所打动。

一座城市，让它焕发出生命活力和充满生机的灵魂是什么？是人。人是构成这个城市的生命框架。一座城市的领导者有着“敢为人先，追求卓越”的精神引导，我想他们一定会带领着这个城市的市民创造出更多的奇迹，所以我坚信，武汉的明天也会更加美好！

（马克讲述　周俊整理）

22　武汉热干面上德国广播了

“在德国的广播，居然听到武汉热干面的介绍，馋得我肚子咕咕咕地叫。”来自武汉的小刘姑娘在朋友圈分享着自己的惊奇和喜悦！“尤其令人叫绝的是，那个节目不仅解了我的美食之馋，也解了我的德国同事的饮食文化之馋，因为它除了介绍热干面，还讲了热干面背后的饮食文化。我的德国同事纷纷为我大武汉的饮食文化所吸引。”不少旅居德国的武汉人也纷纷为热干面能进入德国广播感到骄傲。

原来这是西德广播电台美食栏目制作的一期中国美食的介绍。该栏目负责人苏珊娜介绍说：

苏珊娜品尝热干面

“我们的栏目主要通过广播的形式向听众介绍世界各地美食，每个国家选用一道菜。为了吸引听众，我们做了很多创新尝试，比如现场采访解说菜肴的制作过程，后期还会配上文字图片，并在我们节目的网络版上做说明，所以这档栏目很受欢迎，很多人听了节目看了配方都会学着做。

“我们做过日本、韩国、智利等许多国家的美食介绍，唯独没有中国的。虽然在德国有不少中餐馆，但我们希望介绍一种很特别的、有特色的中国饮食，我们找到丁玉婷女士，她向我们推荐了热干面，我们觉得主意不错，节目中她向大家介绍、演示了热干面的制作过程。热干面味道非常好，很香，也很诱人，我很喜欢。很多德国听众也非常喜欢。

热干面的做法介绍截图（图片是苏珊娜自己尝试做的热干面）

“其实热干面非常适合在德国制作推广。首先它的选材可以灵活变通，德国市民不知道碱面，但可以用意大利面代替，芝麻酱也可用荷兰产的花生酱代替，辣酱亚洲超市都有，改良创新后的热干面味道也是很诱人的。除了这个面本身有特点，它背后的故事也是很吸引人的一个亮点，还有整个武汉的饮食特色，比如美食一条街——户部巷……这些背景材料都很吸引听众，所以我们这一期节目格外受欢迎。

“当然我要特别感谢《黄鹤楼童话故事》这本书，如果没有这本书，我们根本不会想到制作出这么一期受欢迎的节目。一个朋友看了这本书，被书中介绍的武汉饮食所吸引，虽然这是一本童话故事书，但又有美食的介绍，这一创新之举吸引了我们，和我们栏目的创新宗旨相吻合，给了我们灵感。丁玉婷女士刚好来自湖北，是德国湖北友好协会的理事，她向我们讲解了热干面的整个制作过程，所以我们也特别感谢德国湖北友好协会及会长周俊博士的大力支持，她为丰富我们的节目提供了不少好的策划和背景资料。

苏珊娜被《黄鹤楼童话故事》吸引

“如果有机会，我非常希望亲自到武汉去看看，看看黄鹤楼和感受武汉美食一条街的文化。”

（周进　丁玉婷）

23　城市童话故事《黄鹤楼童话故事》亮相德国　各界反响热烈

《黄鹤楼童话故事》首发式现场合影
马克博士（左一），公共外交活动家余熙（左二），
市长维汉姆松（右二），周俊博士（右一）

中新网12月19日电　由马克博士和周俊博士领衔的团队历时两年创作编译的德文版《黄鹤楼童话故事》16日在德国明斯特和平大厅举行首发式，中国知名公共外交活动家余熙、明

斯特市市长维汉姆松、马克博士、周俊博士共同为首发式揭幕。

明斯特市市长维汉姆松说，2016 年是中德青少年友好交流年，武汉出版发行德国市场第一本中国城市童话故事书，让德国小朋友认识了解中国文化，民心相通从娃娃抓起，这对丰富和促进“一带一路”文化交流有创建性价值和重要的现实意义，希望借此书能拉开明斯特和武汉两城青少年间友好交往的序幕。

《黄鹤楼童话故事》是在黄鹤楼传说“辛氏酒店”的基础上，结合德国人的特点和阅读习惯重新创作编译的。黄鹤楼公园管理处负责人吴克坚说，前期我们曾专门做过市场调研，了解到德国是童话故事之乡，有七十多个城市有自己的童话故事，中国却是空白，所以我们决定将黄鹤楼传说改编成童话故事，将中国乐善好施、知恩图报的传统文化通过图文并茂的形式表现出来，这样通俗易懂，更容易被德国人喜爱和接受。

《黄鹤楼童话故事》在德国市场的出版发行，引起了德国各界强烈反响。

德国资深媒体人穆斯霍特博士说，《黄鹤楼童话故事》非常巧妙地通过对中国传统文化的诠释来破解世界认识中国的现代难题，是讲好中国故事的典范，在消除西方对中国认知的偏见和误解上起到了积极的作用。

杜塞尔多夫孔子学院院长培高德博士则说，这本书在解决汉语学习教材“幼稚化”问题上提供了一个很好的思路。希望更多城市学习黄鹤楼创新务实的调研精神，更好传播中国文化。

德国童话故事博物馆不仅收藏这本唯一来自中国的童话故事书，而且作为重点推介。

来自波鸿小学的教师贝格斯说，《黄鹤楼童话故事》是一本深受小朋友喜爱的课外读物。

钱德勒和基米兄弟则兴奋地说，会跳舞的仙鹤，是我们最喜爱的第二个来自中国的卡通形象，以前我们只知道中国的功夫熊猫。

德国知名童话表演艺术家弗里茨也计划将它改编成舞台剧，搬上表演舞台。

不仅如此，黄鹤楼的德国宣传也推动和提升了国际交流项目的升级合作。北威州高校创新科研部部长舒茨希望今后进一步加强北威州和武汉高校合作的广度和深度，武汉友城杜伊斯堡市市长林克也在推进和落实由黄鹤楼产生的“一带一路，友城共进”的合作计划。

作为《黄鹤楼童话故事》主创之一的周俊博士介绍说，《黄鹤楼童话故事》是我们文化对外传播由粗放式向精细化转型的一次有益探索，即通过建立国际调研机制，了解国外传播对象和他们的接受习惯，寻找中国故事国际化的讲述方式。它能产生良好反馈和评价，与科学的传播理念及大数据和市场调研手段的运用分不开，这也正是我们讲述好中国故事，传播好中国声音的前提和基础。

（中新网）

24 黄鹤飞向明斯特，美名传扬五大洲

短短几天的时间，中外150多家媒体报道转载《黄鹤楼童话故事》德文版在德国政界、文化界、教育界等各界反响热烈，反馈良好，仅海外媒体就超过50多家。

中国国内从覆盖全国的中新网、人民网、中国网、侨网、新浪、搜狐、腾讯等到浙江、广东、江苏、海南、青海、甘肃等省市地方媒体；从中国香港、澳门、台湾的媒体，到亚洲、欧洲、非洲、美洲、大洋洲五大洲的华文媒体乃至德国主流的报纸、电台、网络，纷纷报道转载，尤其是海外媒体，不仅都是第一次报道有关《黄鹤楼童话故事》的新闻，而且不少是头条新闻。

有辐射全球华人的有200多家成员单位的海外华文媒体网，有海外华人最大门户网站之一的倍可亲，也有辐射整个欧洲的欧洲时报社、欧联通讯社、欧洲新闻、欧洲新侨、欧联华文网，还有北欧、东欧、西欧、中欧、南欧的各区域媒体，德国、奥地利、荷兰、意大利、西班牙、俄罗斯、匈牙利、波兰等国均

有报道，而且不少是头条新闻，比如倍可亲、华人头条、美中时报、韩国新华网、今日头条等。

除了传统媒体，新媒体也充分发挥了作用。全球华文媒体协会、欧洲华文媒体协会都通过微信发布了新闻，不少媒体人还在自己微信公众号、个人微信平台上转载了《黄鹤楼童话故事》的新闻。

让人特别感动的是，《黄鹤楼童话故事》的新闻报道不仅得到各媒体的支持转发，而且受到各媒体老总好评。虽然大多数人是第一次认识了解黄鹤楼，大多数都还从没去过黄鹤楼，但大家都为黄鹤楼敢于吃螃蟹的精神所感动，赞扬《黄鹤楼童话故事》做了很好的榜样和表率：第一个用童话打入德国主流市场，传播优秀中国文化，用中国的传统文化消除西方的偏见和误解让他们感动和钦佩，所以大家都积极支持宣传《黄鹤楼童话故事》，也纷纷为武汉点赞。

海外华文传媒协会主席刘成说，《黄鹤楼童话故事》外宣模式创意好，模式新，立意高，水平高，质量高，传播效果好，为如何更好地传播中国文化及华媒如何进入主流社会提供了新的思路，起到了典范作用。

丝绸之路国际经济论坛组委会副秘书长卫革说，《黄鹤楼童话故事》通过理论和实践的创新，不仅仅传播了中国传统文化，尤其在设置议题上非常高明，并且实践了传播文化从娃娃抓起的理念，市场定位有战略意义和价值，首次在文化传播中使用调研手段，填补了很多盲区和空白，这对“一带一路”在国际上的推广传播有借鉴价值和意义。

《人民日报》海外市场总监周军说，《黄鹤楼童话故事》模式对他们打开国际市场受益匪浅，希望好好学习研究，今后开展合作。

来自美国的《美中时报》总裁陆昱激动地说，非常高兴和感到荣幸《黄鹤楼童话故事》以创新的方式进入德国主流社会，我的大学时代是在武汉度过的，所以对黄鹤楼感到格外亲切，我们不仅在头版头条做了报道，而且我们希望这么好的作品能有英文版的，能让更多的英语国家的读者享受到来自中国城市的童话故事。

来自新西兰的湖北商业总会会长律师胡弘说，这几天我周围海外的湖北人谈论的话题都是《黄鹤楼童话故事》，新西兰及澳大利亚的几十家媒体都做了报道，这是我们海外湖北人的骄傲，我们也热切期盼《黄鹤楼童话故事》中文版和英文版的诞生，能让更多的人认识了解我们的家乡，通过这个童话故事，喜欢上武汉和武汉的城市文化。

诚如德国明斯特记者协会主席弗兰克总结的，黄鹤飞向明斯特，美名传扬五大洲。

25 《黄鹤楼童话故事》助力“一带一路”文化传播，民心相通从娃娃抓起

近日，在美丽的德国小城拉廷根的图书馆，举办了一场生动的朗诵会——《黄鹤楼童话故事》朗诵会。这是拉廷根图书馆推出的“中国周”的一个重点项目，通过《黄鹤楼童话故事》认识了解中国和“一带一路”。

图书馆青少部负责人萨宾乐花了近半年的时间精心组织策划了这次活动。他们在全市中小学里做宣传。为了把朗诵会举办得生动活泼，萨宾乐花了不少心思，邀请梅特曼教育局的局长卡琳表演朗诵，并把《黄鹤楼童话故事》的主创周俊博士邀请到现场。

局长卡琳声情并茂的朗诵吸引了不少小朋友，不少家长也纷纷跑过来聆听。大家沉浸在黄鹤楼的童话故事里。周俊博士根据内容，不断展示黄鹤楼、莲藕和武汉市花——梅花的图片，小朋友一边听，一边认识了解这些陌生的实物图。为了让现场听众有更深刻的认识，周俊博士还专门购买了新鲜莲藕带过来。

这场生动活泼的朗诵会大受欢迎。小朋友和家长第一次接

触中国城市童话故事，既好奇，又新鲜，不仅听得津津有味，而且提了不少有趣的问题。

《黄鹤楼童话故事》朗诵会现场合照
从左至右为周俊博士，卡琳局长，
青少部负责人萨宾乐

故事一朗诵完，小朋友托玛斯就迫不及待地问：“真的有武汉这个城市吗？黄鹤楼也是真的吗？”原来他以为童话都是虚构的，那么武汉市和黄鹤楼也是虚构的。周俊博士介绍了真实的武汉市、黄鹤楼和童话故事间的关系，托玛斯连连点头说：“真有趣，这个美丽的童话故事居然发生在真实的城市，武汉是我认识的第一个中国城市，将来一定和爸爸妈妈去武汉看看真实的黄鹤楼。”

所有的听众第一次看见莲藕，都很好奇，周俊博士介绍了湖北特色菜排骨藕汤和莲子的营养价值和作用，不少家长都纷纷表示，一定回去自己做做。

为了让大家更好地认识武汉这个城市，周俊博士介绍了武汉和德国的关系，武汉和杜伊斯堡是中德间缔结的第一对友城，介绍了中欧铁路和“一带一路”。大家也都是第一次听说“一带一路”——看到中欧铁路将武汉和德国连接在一起，觉得太神奇了。

不仅现场的听众觉得收获多多，就连局长卡琳和图书馆负责人萨宾乐都觉得受益匪浅。萨宾乐说，这是我们举办的第二次黄鹤楼朗诵会。去年德国儿童读书节的时候，是我们的市长向小朋友朗读《黄鹤楼童话故事》的，效果很好。市长说，今年要推进下去。这次我们很荣幸邀请到周俊博士，感谢她驱车往返 600 多公里参加我们的活动。她的实物讲解，对武汉城市和饮食的介绍，对中欧和“一带一路”的图片说明，这些都成了精彩的亮点，让大家感受到，原来一个童话故事可以将东西方文化那么紧密地联系到一起，“一带一路”离我们那么近。今天的活动不仅让我们所有人都学到了很多新知识，就连拉廷根的媒体也被吸引过来报道，我希望今后能继续开展这样的活动。

Danke sagen auf Chinesisch

Besondere Vorlesestunde in der Kinderbibliothek: Die Vorlesepatin Karin Migdal las dabei aus dem Buch „Der gelbe Kranichturm" vor. Diese Legende erzählt die mythische Entstehungsgeschichte des Gelben Kranichturms, der vor 1800 Jahren erbaut wurde und heute ein Wahrzeichen der zentralchinesischen Stadt Wuhan ist. Das Besondere an dieser Lesung war aber ein Gast: Dr. Jun Zhou, die an diesem Buch maßgeblich mitgearbeitet hat, war bei dieser Vorlesestunde persönlich anwesend und zeigte Fotos vom Gelben Kranichturm, von der Stadt Wuhan und dem Fluss Jangtse. Am Schluss dieser Vorlesestunde konnten alle Anwesenden nur noch „ xièxie" sagen – chinesisch für Danke. Foto: Stadt

《拉廷根日报》报道

周俊博士介绍说，与图书馆开展活动，是我们中国文化可持续性传播的一个深化试点。去年我们推出了《黄鹤楼童话故事》进双百活动——百家书店、百家图书馆，今天现场的热烈反应对我们如何借助黄鹤楼推广“一带一路”提供了很好的思路。武汉其实有传播推广“一带一路”得天独厚的优势：黄鹤楼作为第一个城市童话故事进入德国市场，非常受小朋友欢迎；武汉和杜伊斯堡又是中德间缔结的第一对友城；而中欧铁路又架起了武汉和欧洲间的桥梁，这些元素为推广“一带一路”提供了最生动丰富的素材。将这些元素巧妙结合推向儿童市场，是我们在“一带一路”文化先行、民心相通、从娃娃抓起上做的一个创新实践。

（侨网）

26 《黄鹤楼童话故事》外宣模式受各界好评

由国务院新闻办公室主办，中国外文局和外文局对外传播研究中心承办，山东省人民政府新闻办公室、烟台市人民政府新闻办公室、山东大学新闻传播学院协办的第五届全国对外传播理论研讨会近日在烟台开幕。

全国对外传播理论研讨会是对外传播领域最具权威和影响的高端理论研讨会，会议每两年召开一次。本届研讨会主题为“讲好中国故事　传播好中国声音”。来自全国高等院校、智库研究机构、知名媒体的专家学者四百余人与会。

来自德国明斯特大学中国研究中心的主任周俊博士受邀在大会上作了“《黄鹤楼童话故事》——一个产生实效的讲好‘一带一路’城市故事的创新模式”的演讲报告，报告受到与会专家学者的一致好评和赞赏。

专家评委、原中国国际广播电台副台长、中华全国新闻工作者协会理事夏吉宣点评说，《黄鹤楼童话故事》及其首创的这个产生实效的讲好“中国故事”的创新模式，对于中国其他城

周俊博士在大会上做黄鹤楼外宣案例报告

市开展面向全球不同区域市场的城市形象国际化传播，无疑具有较大的启示与借鉴意义。武汉外宣做了一个很好的典范，非常值得学习。

原复旦大学新闻传播学院副院长、现国家文化创新研究中心主任孟建教授说，《黄鹤楼童话故事》外宣模式是武汉外宣的一次成功创新试点，充分体现了它的前瞻性和创建性，主要表现在：一、传播方式的创新。与国际研究机构合作，避免宣传的盲目性和主观性。二、传播手段的创新。首次将社会学调研机制运用到中国文化的对外传播，采用大数据和垂直营销的方式，解决了如何讲、怎么讲好中国故事的困境和难题。三、在传播能力创建上的创新。由传统短期动态传播向长期静态可持续型转型，在转型升级上做了成功尝试。四、外宣成果评估手段和模式的创新。由传统的粗放式评估到精细化转型，通过宣传促进国际项目升级合作等这些宝贵的经验非常值得学习推广。

清华大学新闻传播学院副院长陈昌凤教授说，《黄鹤楼童话故事》外宣案例的创新试点对推动我们整个外宣事业的发展做出了了不起的贡献，非常值得学习、借鉴和推广。我在全国记者协会的媒体人培训班上专门介绍过《黄鹤楼童话故事》的案例，大家受益匪浅。

作者与清华大学新闻传播学院常务副院长陈昌凤（左），
复旦大学国家文化创新研究中心主任孟建（右）：
黄鹤楼模式值得学习、借鉴、推广

中新社前社长郭招金说，《黄鹤楼童话故事》外宣案例，做到了理论创新和实践创新，是中国文化对外传播的新标杆，非常值得在全国学习推广。

中国孔子基金会副理事长牛廷涛评价说，《黄鹤楼童话故事》外宣案例是我从事宣传工作30多年来看到的最成功的外宣案例，我们特别希望今后有机会与明斯特研究中心合作，借鉴《黄鹤楼童话故事》的成功经验，共同推进儒学思想在海外的有效传播和推广。

周俊博士介绍说，德文版《黄鹤楼童话故事》得以出版发行，首先要感谢武汉市宣传部部长李述永、武汉市园林局和黄鹤楼风景管理处的大力支持。没有他们身上体现的“勇于创新，敢为人先”的武汉精神，德国市民至今无法享受这本来自中国的第一本城市童话故事，我们也无法完成一系列的创新试点。我们希望《黄鹤楼童话故事》的案例能给更多城市在国际上如何讲好城市文化故事带来更多的启迪和借鉴意义，通过城市文化的交流传播，增强“一带一路”倡议的吸引力，推动我国与沿线各国全方位、多领域的交流与合作，从而促进各领域的合作共赢、互利共荣。

（《华商报》）

27 周俊：用童话讲好“一带一路”城市故事

作为德国市场第一本城市童话故事，《黄鹤楼童话故事》为讲好“一带一路”城市故事树立了典范。通过这一实例，德国明斯特大学中国研究中心主任周俊博士希望借助华文传媒论坛的平台，逐渐改变“大水漫灌”式的传播方式，引导传播向精细化转变。

自第三届起，周俊开始受邀参加世界华文传媒论坛。当时她还在德国明斯特电视台中国节目部工作，旨在用德文介绍中国发展情况。“那还算不上真正的华媒。但能受邀参加论坛，我感到中新社理念非常开放包容。”

在周俊看来，做好精细化传播，首先要找准跨文化传播的契合点，而其前提便是通过调研了解受众需求。

经过调研，其团队了解到德国是童话故事之乡。“德国有七十多个城市有自己的童话故事，而中国却是空白。”所以，其团队决定与武汉市合作，将黄鹤楼传说改编成童话故事。

之后，其团队又通过问卷调查了解德国受众对中国文化存在的误解和偏差，并以消除误解和偏差为参照设计故事情节。在整个编撰过程中，团队组织座谈会，倾听了诸多领域的相关专家学者和小朋友们的意见和建议。最后在不改变原意的基础上，将中国乐善好施、知恩图报的传统文化图文并茂地表现出来。

“书中没有一个元素是随意出现的。比如莲藕，德国本土没有莲藕，但经过调研，我们发现德国人对莲藕及其药用价值很感兴趣。”

“书的尾页，附着真实的黄鹤楼和武汉美食的照片，这引导读者跳出童话，去了解真实的武汉。”

《黄鹤楼童话故事》进驻了德国百家书店、图书馆，走进德国孔子学院，并得到德国艺术家的合作推广。在这种“春雨润物”般的影响下，《黄鹤楼童话故事》深入“德”心，也吸引德国主流媒体宣传报道。武汉热干面因此上了西德广播电台的知名饮食栏目。

今年德国儿童读书节，周俊受邀为小朋友们朗读。她在介绍中说道：“武汉到德国还有火车呢，是‘一带一路’的风把火车吹过来的。”到会的学生和家长也因此表现出对“一带一路”的兴趣。

“德国人爱反思。”在周俊看来，这种优秀品质也促使德国人通过童话故事了解中国。“他们从书中看到了中国人的自省和创新精神。”基于此，德方愿意与中国展开更加紧密的合作。

据周俊介绍，在“中国制造 2025”与德国“工业 4.0”对接的大背景下，从未到过中国的德国北威州创新科研部部长舒茨希望加强北威州和武汉高校科技力量的合作，“因为她从书中看到了武汉敢为人先的精神”。

德国杜伊斯堡市市长林克对周俊博士提倡的武汉和杜伊斯堡间的“一带一路，友城共进”项目方案大加赞赏，推出了德国首部以中国城市命名的火车——武汉号。

德国明斯特大学副校长邓茨教授也表示，武汉和明斯特今后可加强合作，共促“一带一路”大学城建设。

周俊非常认同用系统论的观点看待文化传播。“文化传播本身也是一个输入和输出的过程，世界华文传媒论坛正是搭建了这样一个相互交流的平台。希望在这一平台之上有更多实例出现，共同讲好中国故事。”

（中新网）

28　讲好城市故事与城市功能国际化建设

《黄鹤楼童话故事》作为进入德国市场的首部中国城市童话故事，在德国政界、文化界、教育界等各界产生了深刻影响，创下了很多第一：第一本进入德国书店和图书馆的来自中国的城市童话故事；第一本被德国童话博物馆收藏的中国城市童话故事；第一次进入没有开设中文课的学校并被列入课外阅读教材；在德国儿童读书节上作为第一本来自中国的儿童读物被德国市长朗读并推荐给小朋友；书中的武汉特色风味也成为媒体向德国受众唯一推荐的中国饮食……而且这本书深受大家欢迎和赞赏：德国总理府亲自来信，称赞这个项目的创意策划好，对促进中德儿童的交流交往做了有益的探索实践；德国政府顾问、前国务秘书奥斯特先生也因看了这本书，主动联系我们，要与我们合作，推进中德交流；德国环保部部长舒茨女士也因这本书，第一次认识了解了武汉这座城市，为武汉的创新精神所吸引，积极推动武汉与德国的合作交流；杜伊斯堡市市长号召向武汉学习，学习武汉勇于创新，敢为人先的精神，并且诞生了德国第一列以中国城市命名的列车“武汉号”；欧洲环保行业协会主席哈仁康普也希望在环保方面加强合作交流……

根据武汉国际化建设的特点，以下国际合作项目的方案也随之诞生了：

一、创建国际大学城城市联盟；

二、成立中国首家德中青少年环保培训基地；

三、成立国际城市童话故事联盟。

这些项目的诞生升级，拿出了武汉方案，贡献了武汉智慧，让武汉方案汇聚成国际行动，充分展示了武汉在“一带一路”上的新作为。

武汉通过讲好城市故事，充分发挥了城市在国际化建设中的功能和作用。

29 “战略传播：理论创新与实践路径”国际研讨会在德举行

从左至右分别为张大伟副教授、周俊主任、
张殿元教授、马克主任和孟建教授

由德国明斯特大学中国研究中心和上海复旦大学国家文化创新研究中心联合举办的“战略传播：理论创新与实践路径”学术研讨会近日在德国明斯特大学落下帷幕。

"复旦大学国家文化创新研究中心"自2015年正式成立以来，已在"文化创新研究""跨文化传播研究""新媒体文化（数字人文）研究"等学术领域取得了诸多的研究成果。中心承担了联合国教科文组织委托的"'亚洲文明对话'研究"重要课题，研究成果受到联合国教科文组织的高度评价。中心已先后完成了"G20峰会：杭州市整体形象建构与传播战略研究""金砖会晤：厦门形象提升战略与传播策略"等一批重要项目。

德国明斯特大学中国研究中心长期以来一直从事德中城市管理对比研究和中国城市国际品牌策划，尤其在德中城市管理研究上取得了许多前瞻性的成果，中心撰写的论文不仅吸引了国内城市相关部门前来德国考察学习，并把这些先进的管理经验运用到实践管理中去，为中国新型城镇的创建提供了有益的借鉴。在中国文化对外传播领域，中心首次提出并实践用讲故事的方式介绍中国，开创用讲故事的方式介绍中国的先河，首次提出中国文化对外传播由粗放式向精细化转型理念，编译出版了德国市场第一部城市童话故事《黄鹤楼童话故事》，并首次将社会学的调研决策机制运用到中国文化的对外传播中，被传媒界誉为理论创新和实践创新的新标杆。

研讨会上，德国明斯特大学中国研究中心主任周俊博士分别作了《"黄鹤楼童话故事"——一个产生实效的讲好"一带一路"城市故事的创新模式》和《一带一路与品牌传播——中欧班列+、汉欧+》的演讲报告，复旦大学国家文化创新研究中心孟建教授作了《G20杭州峰会：杭州新形象建构与传播战略》的演讲报告。与会代表分别对这几个传播案例做了深入的研讨、分析和总结。

周俊博士作《一带一路与品牌传播——中欧班列+、汉欧+》的演讲报告

孟建教授说，《黄鹤楼童话故事》不是一本简单的德文译本，也不仅仅是地方城市国际传播学习的典范，它背后深藏的传播理念、传播方式和传播能力的创新实践非常值得深入研究和学习，这对整个中国文化对外传播有非常大的推进作用。这部作品之所以具有前瞻性和创建性，是和创作团队的综合实力分不开的。他们是做中德城市文化对比研究的，所以会很容易通过对比将中国城市的异质点找出来，这样对城市的国际形象传播的定位就精准；同时，他们有着深厚的社会学背景，将社会学的调研方法和手段与传播学相结合，让中国元素在国际传播渠道上更丰富，更接地气。中国故事，既要讲好，也要传播好，《黄鹤楼童话故事》在这两点上做了非常前沿的实践路径的有效探索，这点非常宝贵，也是非常值得学习、借鉴和推广的。

著名品牌研究专家张殿元教授说，现在做“一带一路”与品牌传播研究的很多，但汉欧+的传播思路却让人眼前一亮。目前各班列正在积极探索通过“中欧班列+”来创新“一带一路”

框架下的中欧班列发展新形态、新业态，汉欧+的理念无异于给中欧班列+带来了全新的概念并注入了新的活力。"一带一路"早期建设需要设施联通、贸易畅通、资金融通，但从长期建设来说需要政策沟通、人心相通，需要文化先行。汉欧从战略的高度做中国传统文化的国际传播和参与国际公益环保事业，这为它能迅速与国际对话并能融入国际文化和环保人文交流寻找到一个非常好的切入点，因为它关注了人类命运共同体，向世界展示了汉欧参与构建人类命运共同体的行动力。因此它的传播理念的落实实施，将会成为"一带一路"与品牌传播的一个经典案例。

作为数字出版界权威人士张大伟副教授说，周俊博士在做两个案例介绍时传递的信息量非常丰富，这不仅仅是传播学的内容，他们长期以明斯特这座生活质量水平最高的城市做研究对象，对城市可持续性发展、环保、交通等课题进行研究总结，这些对中国目前正在进行的政府创新管理提供了非常宝贵的经验，国内市场需求量非常大，我们希望今后在出版这个领域加强合作和交流，共同推动地方政府创新管理。

明斯特大学社会学系常务主任、著名中德城市管理对比研究专家马克博士在听完孟建教授的报告后说，复旦大学国家文化创新研究中心是个非常了不起的团队。从没去过杭州，但从介绍的孟教授团队与杭州市政府合作的细节过程，看到了一个非常具有创新精神的城市，它不仅为我们作中德城市管理对比研究提供了一个非常好的城市案例，而且吸引着他去更多认识了解这个城市。这三个案例，不管是武汉市宣传部、园林局、黄鹤楼风景管理处、汉欧企业，还是杭州市政府，他们之所以能用创新的方式做战略传播，是和这些领导者的创新意识和敢为人先的精神分不开的，所以人是最活跃最能将创新理念转化为现实的决定性因素。因此希望在国际传播中能涌现更多像这些案例中的具有开创意识的领导者。

研讨会结束后，双方签署了战略合作协议，希望在战略传播领域，不仅仅做理论的研究者，更是实践的先行者，在中德高校及文化交流上谱写新的篇章。

（中新网）

30　讲好中国城市故事创新模式的探索

——以中德合作出版《黄鹤楼童话故事》为例

《对外传播》书影

《黄鹤楼童话故事》是面向德国市场的第一本城市童话故事，由武汉黄鹤楼公园管理处和德国明斯特中国研究中心合作，历时三年编纂出版。该书的出版完成了黄鹤楼文化海外传播的创新试点。

《黄鹤楼童话故事》作为对外传播案例，获得了专家的积极肯定和评价。全国新闻工作者协会理事夏吉宣认为，它的模式对于中国其他城市开展面向全球不同区域市场的城市形象国际化传播，具有较大的启示与借鉴意义。清华大学新闻传播学院常务副院长陈昌凤教授说："《黄鹤楼童话故事》外宣案例的创新试点对推动整个外宣事业的发展作出了了不起的贡献，非常值得学习、借鉴和推广，我在记协的媒体人培训班上专门介绍过这一案例，大家受益匪浅。”

《黄鹤楼童话故事》是我们文化对外传播由粗放式向精细化转型的一次实践探索，即与国际研究机构合作，通过科学调研手段，了解国外传播对象和他们的接受习惯，寻找中国故事国际化的讲述方式，同时通过制定系统的可持续性推广战略，由传统的短期动态推广向长期静态转型，并且紧扣时代主旋律，促进国家间升级合作。

习近平主席说，要积极传播中华优秀文化，用海外读者乐于接受的方式，易于理解的语言，讲述好中国故事，传播好中国声音。

这里的关键问题就是如何讲好中国故事，怎样讲，对谁讲，前提还要了解受众的特点和接受方式有什么不同。《黄鹤楼童话故事》探索出了一条有实效的新路。

一、打破传统合作方式，用所在国的接受方式讲述中国故事

德国明斯特大学中国研究中心是一支有着丰富经验的国际文化传播团队，由社会传播学家、中德城市管理对比研究专家、城市品牌策划专家、汉学家等组成，十多年来一直从事中国文化对外传播的研究，而且身居中国文化传播的最前沿，有切身体会和感受，被专家评价为既是理论的研究者，又是实践的先行者。选择和这样的国际团队合作，对黄鹤楼景区来说也是一次全新的尝试和挑战，打破了以前找国外的翻译家将黄鹤楼故

事翻译成外文的传统合作方式。

创作前，中国研究中心对德国市场做过调研，了解到德国是童话故事之乡，有七十多个城市有自己的童话故事，而在这方面，中国却是空白，所以决定将黄鹤楼传说改编成童话故事。此外，通过问卷调查，创作团队也了解到德国受众对中国文化认识存在的误解和偏差，找到问题的症结后，然后组织传播学家、中德文化对比研究专家、汉学家、儿童教育专家、童话故事研究专家、城市形象策划专家，以及小朋友等举办座谈会，倾听他们的意见和建议，最后在不改变原意的基础上，将中国乐善好施、知恩图报的传统文化通过图文并茂的形式表现出来，这样不仅通俗易懂，而且更容易被德国人喜爱和接受。

合作中，首次用社会学统计学方法对传播对象进行调研分析总结；在传播方式上，首次用大数据对传播对象采用互动的垂直营销，并建立数据库；在传播能力创建上，首次让中国城市童话故事走进德国图书馆和学校，践行了"一带一路"文化先行、民心相通从娃娃抓起的理念，受到德国政界、文化界、教育界、学术界、媒体、青少年等各界好评，在如何给德国人讲好"中国城市故事"上，开拓出了一个全新的模式：在对目标市场进行调查研究的基础上，将中国城市故事与德国人的日常生活对接，使之成为德国人生活元素的一部分，从故事情节认同走向价值认同、城市认同。

实践证明，《黄鹤楼童话故事》的创作模式是一种产生实效的讲好"中国城市故事"的新模式。

二、传播实效显著，并促进国际项目的升级合作

第一，极大地提高了德国读者对于武汉及黄鹤楼的认知度。明斯特大学调查研究中心开展的关于对武汉的认知调研数据表明，通过阅读《黄鹤楼童话故事》这本书，83%的受访者希望有机会到武汉旅游并参观黄鹤楼。

第二，得到了公众的好评。数据显示，受调查的读者之中，喜欢这本书故事情节的占93%，喜欢书中插图的占97%，100%的受访者喜欢书中对人物的性格刻画，喜欢书中所阐述哲理的占96%。这说明，《黄鹤楼童话故事》从内容到形式都受到读者的普遍欢迎。

第三，一定程度上改变了德国读者对整个中国文化的认知和理解。调查数据还表明，74%的受访者认为，通过这本书消除了对中国人事的偏见和误解；94%的受访者认为，通过这本书对中国文化有了更多的认识和了解；85%的受访者则希望能够更多地了解孕育了《黄鹤楼童话故事》的武汉。德国杜塞尔多夫孔子学院院长培高德博士认为，《黄鹤楼童话故事》在解决汉语学习教材“幼稚化”问题上提供了一个很好的思路，能更好地帮助德国人了解中国文化。长期从事汉学教学的德国汉学家珀夫斯教授则称赞，该书“为匮乏的汉学教学市场提供了丰富生动的教材”。德国小朋友钱德勒和基米兄弟读后说：“会跳舞的仙鹤，是我们最喜爱的第二个来自中国的卡通形象，以前我们只知道中国的功夫熊猫。”德国知名童话表演艺术家弗里茨说：“在三十多年的表演生涯里，我朗诵表演过世界各地的童话

故事，欧洲、非洲、美洲，以及亚洲日本的，但中国的童话故事却是第一次，我深深地被《黄鹤楼童话故事》吸引，接下来计划将它编成舞台剧，搬上表演舞台。”

第四，通过中国传统文化的诠释来破解世界认识现代中国的难题。德国资深媒体人穆斯霍特博士说：“《黄鹤楼童话故事》不仅是给儿童看的，也是给成人看的，尤其给外国人在认知理解中国问题上提供了新的思路，对消除西方在中国认知的偏见和误解上起到了积极的作用。辛氏的知耻自重，慎独自省，黄鹤酒壶‘知足者水存，贪心者水尽’的寓意不仅仅体现在童话故事中，也融入中国人的精神内核和治国理念中。比如在谈到中国环保、雾霾等一些问题时，很多西方评论家总是义愤填膺，毫不客气，充满了偏见和成见。我常常建议他们去好好看看《黄鹤楼童话故事》，看懂了，就会明白中国政府意识到环保问题后，会积极采取措施，不断改善提高生态环境和生存环境，因为他们传统文化精神中具备鉴得失、知兴替的能力，我对此是充满信心的，我对中国梦的实现也是充满信心和希望。所以我认为《黄鹤楼童话故事》是讲好中国故事的典范，我也希望有更多更好的这类作品出现。”

第五，紧扣时代主旋律，促进国际项目升级合作。《黄鹤楼童话故事》不仅向德国主流社会成功推介了黄鹤楼及武汉市，而且为武汉市在“一带一路”中所承接的国际使命赋予了新的内涵和创造了新的机遇。“一带一路”铁路终点站的“掌门人”德国杜伊斯堡市市长林克表示：“作为友城，武汉出版德文书的做法非常值得我们学习，我们也希望将杜伊斯堡市的童话故事编译成中文。”不仅如此，他对我方提出的“一带一路”友城共进项目方案大加赞赏和支持，不仅主动提出担任德方监护人，而且身践力行，推出了德国首部以中国城市命名的火车——武汉号，目前正在一步步推进落实合作方案。德国北威州创新科研部部长舒茨在了解了《黄鹤楼童话故事》后说：“虽然我没去过武汉，但这本书让我看到了武汉这座城市的创新意识和敢为人先的精神，在推动‘中国制造 2025’与德国‘工业 4.0’深入对接中，我们希望今后能加强北威州和武汉高校科技力量的合作，因为科技离不开创新。”明斯特市长维汉姆松认为，武汉在中德青少年友好交流年推出德国市场第一本中国城市童话故事书，让德国小朋友认识了解中国文化，民心相通从娃娃抓起，这对丰富和促进“一带一路”文化交流有创建性价值和重要的现实意义，希望借此书能拉开明斯特和武汉两城青少年间友好交往的序幕。德国明斯特大学副校长邓茨教授也提出，武汉和明斯特都是大学城，今后双方可在大学城建设方面加强深入合作和交流，明斯特也非常乐意把大学城建设的经验介绍给武汉，共促“一带一路”大学城建设的进步。

三、《黄鹤楼童话故事》的创新和思考

1. 重视与德国主流社会群体读者的“前理解”视野的融合

德国哲学家海德格尔认为，任何“理解”的先决条件都要由三方面的存在状态构成：一是“先有”。任何人都存在于一个文化中，历史与文化预先占有了我们，而不是我们先占有了历史和文化。这种存在上的“先有”使我们理解自己的历史和文

化有了可能。二是“先见”。我们思考任何问题所要利用的语言、观念及语言的方式，构成了“先见”。三是“先知”。所谓先知是我们在“理解”前已经具有的观念前提和假定。“先有”“先见”“先知”先于人的“理解与感知”而存在。这就是故事感知习惯背后的“前理解”结构。成功的跨文化传播就是促进叙述者的“前理解”结构，使叙述者的“前理解”与感知者的“前理解”融合，产生意义，形成所谓“视野的融合”。因此，跨文化传播视角的选择，恰恰要依赖公众自己的“前理解”视野，最大限度地追求“视野的融合”。正是因为《黄鹤楼童话故事》寻求与德国读者的“前理解”视野的融合，能够突破跨文化传播的理解框架、文化背景、接触习惯等方面的三种“屏障”，实现了较好的传播效果。

2. 重视市场调研和数据化垂直营销传播方式的运营

中国研究中心充分运用了社会统计分析的学术优势，对德国市场和德国人的生活方式进行了深度调研，根据他们的文化习惯和阅读方式，采取讲故事的表达方式，构建产品，完成创作，并且开发衍生产品。后期又通过定量定性的垂直营销调研——用问卷调查的形式进行宣传推广，包括300份问卷调查，20个人物专访，并做统计分析，既了解了传播效果，又对市场传播前景做了科学的预测，极大拓展了《黄鹤楼童话故事》的影响力。

3. 以文化之“点”带城市营销之“面”，促进武汉城市文化及“一带一路”的德国推广

早在武汉电视台工作时，我们就创作拍摄过《汉斯在武汉》

的电视片，从德国人的视角表达武汉城市魅力，产生了良好的效果。而在《黄鹤楼童话故事》的创作过程中，我们紧紧抓住德国人喜爱童话的特点，将武汉历史文化传说浓缩在《黄鹤楼童话故事》一个点中，通过对这一文化的感知，让德国朋友了解武汉及中国。比如2016年的德国儿童读书节，德国拉廷根市的市长向德国小朋友朗读的是《黄鹤楼童话故事》，大家觉得效果很好，今年邀请我们去给大家朗读。我们把《黄鹤楼童话故事》，武汉城市文化和"一带一路"结合到一块，因为武汉刚好有"一带一路"的中欧铁路，听众不仅被《黄鹤楼童话故事》和武汉城市吸引，也对"一带一路"文化产生兴趣，因为到会的学生和家长都还是第一次听说"一带一路"，就连主流媒体都被吸引过来，做了连续报道，这对后续利用《黄鹤楼童话故事》推动"一带一路"在德国的宣传又提供了一个新的思路……不仅如此，孔子学院和一些图书馆也纷纷向《黄鹤楼童话故事》团队发出邀请，希望她们去朗读表演《黄鹤楼童话故事》。

4. 通过制定系统的可持续性推广战略，由传统的短期动态推广向长期静态转型

中国文化的推广不像中国菜肴的介绍，能在短时间内通过色香味形引起感官刺激，吸引住人，相反，它的难度高，任务艰巨，是一项长期的工程，需要制定系统的文化推广战略，分阶段、有步骤地进行。《黄鹤楼童话故事》在可持续性推广过程中采用以下推广方式：（1）开展进百家书店、百家图书馆的"双百活动"，入驻德国414家实体书店及14家网络书店，以及100家图书馆；（2）走进德国没有开设中文课的学校，被11所

学校设为课外读物；（3）走进德国大学汉学系，开展讲座；(4) 走进德国孔子学院，策划“中国童话日”活动；（5）同德国艺术家合作，将黄鹤楼故事搬上表演舞台；（6）同德国媒体合作，推广黄鹤楼文化产品。传统的推广方式往往由国内派代表团出国，做巡展、演讲、表演等动态的一次性展现，而《黄鹤楼童话故事》通过出版书籍，并将与德国各界开展互动交流活动变为一种长期的可持续性方式，让文化产品在传播过程中生命力更长久，影响更深远。比如德国西德广播电台有一个知名的介绍饮食的栏目，从《黄鹤楼童话故事》饮食介绍中受到启发，专门制作了一期武汉热干面的节目，这也是该栏目推出的唯一一道中国饮食，深受德国各界喜爱和好评。

《黄鹤楼童话故事》是将中国优秀的传统文化对外传播由粗放式向精细化转型的一次有益探索。在党的十九大报告中，习近平总书记特别强调，要推进国际传播能力建设，讲好中国故事。希望在今后的德国儿童图书市场，能涌现更多更好的中国城市童话故事，而不仅仅只是《黄鹤楼童话故事》。

（《对外传播》）

31　黄鹤楼又火了！他在人民大会堂里讲了一个故事，人们惊叹不已……

2018 年 3 月 10 日，北京人民大会堂。

全国政协十三届一次会议举行第三次全体会议，14 位全国政协委员作大会发言。其中一位委员讲到了有关黄鹤楼的故事，引发广泛关注。

这位委员叫屠海鸣，是中国和平统一促进会香港总会常务副会长，香港侨界社团联合会永远名誉会长。

屠海鸣委员在人民大会堂作大会发言

“世界上最难的事情之一，就是把自己的想法装进别人的脑袋。向海外传播中华文化，就是让全世界理解和认同中国的形象和价值观。”

屠海鸣向大家分享了两个海外文化传播的成功案例。一个是出自成都“90后”说唱乐队的《这就是中国》音乐短片，一个就是《黄鹤楼童话故事》走红德国。

屠海鸣说，一位武汉的媒体人移居德国后，发现德国七十多个城市有童话故事。于是以龟山、蛇山等武汉元素为童话角色，创作了《黄鹤楼童话故事》。这本书一经问世，就被德国图书馆、儿童博物馆收藏。

这位武汉媒体人还将这本书介绍到414家实体书店、14家网络书店和德国没有开设中文课的学校。在她的“一带一路，友城共进”的倡议下，促成了武汉和杜伊斯堡双边城市的深化合作，并且德国第一列以中国城市命名的火车也取名“武汉号”。

德文版《黄鹤楼童话故事》

这位武汉媒体人是谁？《黄鹤楼童话故事》为何能够在德国走红？

这位媒体人的名字叫周俊，现在是德国明斯特大学中国研究中心主任。

事实上，2017年7月8日在武汉举行的华创会国际华文媒体论坛上，她就曾回到武汉，讲述了《黄鹤楼童话故事》背后的故事。

2000 年，周俊离开白云黄鹤之乡武汉，飞往异乡德国。

在德国，每当有人问她武汉有什么特点时，她发现很难用一两句话把武汉介绍得深入“德”心。

于是，她向国内同行求教，对方拿出很多推介武汉的宣传片，周俊摇摇头：“大家思维方式不一样。可能我们中国人在极力推介宣传 1 到 10 中的 7、8、9，实际上外国朋友感兴趣的是 1、2、3。”

一番研究之后，周俊终于找到一个好办法：

德国七十多个城市有童话故事，在这个童话的国度，何不将武汉和童话融在一起。

创作过程中，针对长期困扰中国文化对外传播的瓶颈，周俊及其团队做了新的尝试和突破。

如何用所在国熟悉的语言和方式讲述中国故事？

周俊团队首次使用了大数据和垂直营销的方式，通过问卷调查，了解西方民众对中国文化认识存在哪些误解和偏差，然后通过科学的统计分析，找到问题的症结。他们还组织专家学者及小朋友们举办了座谈会，倾听他们的意见和建议。

谈及大数据在整个创作过程中的创新运用，周俊透露，除了前期调研，在编撰的过程中创作团队也一直在跟踪调查相关反馈，不断调整细节。“哪怕是一个人物造型、一个头饰、一个发髻……比如老仙人、辛氏等人物形象的确定都是修改了十余次。”

德文版《黄鹤楼童话故事》资料图

“最后，在保留中国传统文化原味的基础上，我们选择德国人喜爱易接受的传播方式进行介绍，而不再是将中国故事及元素简单翻译成德文。”周俊还说，读者不仅通过故事了解到中国文化中助人为乐的传统美德，而且认识了一个城市。

历时三年，由武汉黄鹤楼公园管理处和德国明斯特中国研究中心合作，面向德国市场的第一本城市童话故事诞生了。

“从前，辛氏在武汉长江边开了一家饭馆。一天，一位饥肠辘辘的老人经过，讨口饭吃。辛氏慷慨相助。吃饱肚子的老人在饭馆墙上画了一只仙鹤，只要拍拍巴掌，仙鹤就会跳舞……”

这本十多页的《黄鹤楼童话故事》，在黄鹤楼传说“辛氏酒店”的基础上，结合德国人的特点和阅读喜好重新创作编译。

龟山、蛇山等武汉元素成为童话“角色”，将白云黄鹤之乡

德文版《黄鹤楼童话故事》资料图

娓娓道来。

书的末尾，还附有武汉的简介，介绍武汉城市特点、饮食文化，童话和现实在书中完美结合。

为了增加故事的延伸价值，创作团队在设计旅游纪念品、推广特色饮食文化等方面也做了有益尝试。

“我们设计的黄鹤酒壶只能装三分之二的酒，喻示为人处世不可贪得无厌。”周俊说。

2016 年 12 月 16 日，德文版《黄鹤楼童话故事》在德国明斯特和平大厅举行了首发式。

明斯特市市长维汉姆松在首发式上说，2016 年是中德青少年友好交流年，武汉出版发行德国市场第一本中国城市童话故事书，让德国小朋友认识了解中国文化，民心相通从娃娃抓起，

德国首发式上，右二为市长维汉姆松，右一为周俊博士

这对丰富和促进“一带一路”文化交流有创建性价值和重要的现实意义，希望借此书能拉开明斯特和武汉两城青少年间友好交往的序幕。

德国小朋友钱德勒和基米兄弟读后说：“会跳舞的仙鹤，是我们最喜爱的第二个来自中国的卡通形象，以前我们只知道中国的功夫熊猫。”

德国知名童话表演艺术家弗里茨，计划将它改编成舞台剧，搬上表演舞台。

德国资深媒体人穆斯霍特博士认为：“《黄鹤楼童话故事》不仅是给儿童看的，也是给成人看的。尤其给外国人在认识理解中国问题上提供了新的思路，对消除西方在中国认知的偏见和误解上起到了积极的作用。辛氏的知耻自重，慎独自省，黄鹤酒壶‘知足者水存，贪心者水尽’的寓意，不仅仅体现在童话故事中，也融入中国人的精神内骨和治国理念中。”

而德国教育学家、德国波鸿 ÖSW 预科和语言学校前校长瓦特凯萨，则对《黄鹤楼童话故事》走红德国做了更深入的剖析：

德国是个童话故事王国，儿童童话书的市场非常丰富，可关于中国的却很少。不了解中国，没接触过中国童话故事的小朋友，一旦提起这个话题，会很奇怪地问，中国也有童话故事吗？这本书至少让德国儿童也知道，中国也有童话故事，也有像《渔夫和金鱼的故事》中描述的一样讲述人性贪婪、善良、仁慈的故事。

《黄鹤楼童话故事》中早期的辛氏就像渔夫的妻子，总是不满足，总是希望得到更多，可到头来什么都没有，失去了一切。不同的是，德国的故事就此结束了，而中国的辛氏则把自己的经历告诉世人，点出了寓意，这就是中德讲述故事方式的不同，东方文化更偏重于寓意的指出，而德国更注重叙事，讲述一件事、一个过程，道理要靠自己去慢慢领悟。

我觉得这本书还有一个非常精彩的地方，就是结尾有真实的黄鹤楼的图片。从讲述一个童话故事，然后到展现一个真实的黄鹤楼面貌，这在德国童话故事中几乎是没有的，儿童会把虚拟的故事和真实的隔离开来。而在这本书中，却非常巧妙地衔接在一块，从虚拟到真实，会增强儿童对故事认知的可信度，也会引起孩子对亲眼去看看黄鹤楼的强烈欲望。

如何向世界讲好新时代的中国故事？《黄鹤楼童话故事》不失为一个成功的案例。正如屠海鸣委员所说：“用小故事展示大道理，提高精准度，才能增强中华文化海外传播实效，才能让中华文化真正被海外民众接受、理解和欣赏。”

“周俊博士讲中国故事的方式非常精彩！感动了我！感动了全体政协委员！感动了华文媒体！”

（《楚天都市报》　陈凌墨）

32 德国“自行车城”明斯特：世界生活品质最高的城市

周俊、周进姐妹采访明斯特市市长

中新网5月10日电　被评为世界生活品质最高城市的德国明斯特市，人均拥有两辆自行车，素有德国的“自行车城”之称。为了保护环境，人们上班、购物、学习都是用自行车。城市建了很多自行车道，只允许自行车和人行，禁止汽车行驶。

据德国媒体报道，德国明斯特市市长贝特霍尔德·提尔曼博士最近接受明斯特电视台中国部主任周俊、周进的电视访谈，畅谈城市建设和构建和谐社会的关系，介绍被评为世界上生活品质最高的城市明斯特。

2004年，由联合国环境规划署和国际公园协会联合举办的世界上生活品质最高的城市评比中，德国明斯特市在20万到70

万人口的城市评比中获得金奖。当时参评有五个标准：景观的改善、历史文化遗产的管理、环境的保护、公众的参与、城市可持续性发展。参赛的明斯特市以绝对的实力和硬件参数脱颖而出。贝特霍尔德·提尔曼市长为明斯特荣获此项殊荣而自豪。

周进采访市长

这位有着社会学和政治学博士学位的市长在谈到城市建设时说："一个富有生命力和人性化的城市，必然要讲究人与自然、人与社会、人与人的和谐与发展。

"首先，我们从环境建设上入手，在环境改观这一项中，明斯特可以说是一个绿色城市，环城的林荫大道、植物园、休闲疗养区，随处可见的公园和市内很大的人工湖天然地融为一体，整个城市的建设和自然界完美和谐地结合在一起，为市民创造了一个良好的生活居住环境，让市民感觉到生活在这个城市身心舒畅。

“其次，在文化遗产保护方面，明斯特市发展的特点是以城市历史文化为基础的，城市本身就是一个生动、自然的露天博物馆。漫步于城市中，处处可见历史文化的痕迹和缩影，购物的商场、脚下踩的基石、眼前的教堂、明斯特大学学校的主楼都有着几百年的历史。市民能够从日常生活中感受到，他们是生活在一个历史和现代奇妙融合的美丽城市。”

贝特霍尔德·提尔曼市长在谈到明斯特市环境保护和强化市民环保意识时说：“在明斯特，市民自觉组织并参与各项环保组织和活动，因为城市的建设离不开市民的积极参与和奉献。市民不仅为城市的发展献计献策，同时热心于各项公益事业。市民自发组织建立各种公益组织，充当城市建设志愿者和义工。同时，明斯特还是一个多元化、国际化的都市。明斯特是一个不到30万人口的城市，但在这里生活学习的有来自160多个国家的外国人，他们也为城市增添了立体的丰富多彩的文化色彩。各个国家的友人和明斯特市民和谐地生活在一起，让大家感受到明斯特的独特魅力。“感受明斯特”也是我们推出的一个口号。我想这些综合的因素是明斯特能获得评委们一致好评的重要原因。

“明斯特市建立了一套完整而有效的环保体系，为了保护环境，很多市民以骑自行车代替开车，所以明斯特素有德国的“自行车城”称号，美国交通部门还专门派专家到明斯特考察学习，国际上很多城市都把明斯特作为环境保护的典范。

“首先我们在城市道路交通规划设计上都充分考虑环保的因

素，建了很多自行车道，只允许自行车和人行，禁止汽车行驶。在明斯特，自行车的数量是人口数量的两倍，有50多万辆，差不多人均两辆自行车。人们的自行车除了用于休闲郊游和体育赛车外，还有最重要的一项是用于日常生活中。人们上班、购物、学习都是用自行车，这样就减少了空气中二氧化碳的排放量，有效地保护了空气质量。"

作为一市之长，贝特霍尔德·提尔曼市长十分重视抓城市垃圾的处理。他说："我们不仅仅做好垃圾的焚烧工作，每个市民都在生活中做好垃圾的分类工作，哪些是生活垃圾，哪些可回收，哪些不可回收，大家都很自觉地做到垃圾的分类，已经养成了良好的习惯。明斯特是绿色之城，城市的绿化也是环境建设很重要的一个环节。环城的林荫大道上只允许自行车和人行，在郊外的广阔田野里都开辟了很多自行车郊游路线，既有利于人们休闲娱乐，也有效地保护了环境。也就是我们在城市的规划设计上充分考虑多种因素，环保、休闲、自然、人文等，把这几个方面有效结合起来，减少了很多重复建设，把明斯特建设成为一个节约节能环保型城市。"

贝特霍尔德·提尔曼市长说："明斯特是欧洲历史的见证。欧洲历史上著名的三十年战争结束后，在这里签署了和约，这一和约确定了欧洲近代初期的秩序，在世界历史上第一次用国际条约的形式来解决战争遗留问题，为后世处理战后问题开了先河，在国际法和国际政治上具有重大意义。德国首任联邦总统豪伊斯说，明斯特市是德国最美丽的城市。城里还有13世纪的大教堂，建于14世纪被誉为'德国最绚丽多彩的哥特式山墙’的市政厅等，所以说，明斯特不仅有美丽的自然景观，还有历史悠久的人文景观。人与人，人与自然，人与社会，人与历史，现代与历史和谐统一，形成了这座美丽城市独特的风景线。”

最后，贝特霍尔德·提尔曼市长还特别祝福中国人民生活得更加美好，享有更高品质的生活。他真诚地欢迎中国的朋友到明斯特参观游览，体验一下这座国际花园城市的美好生活。

（中新网）

33　形象设计让德国古城扬名

明斯特街景

很多人喜欢明斯特，是因为那有着数百年历史的古老教堂就像陈年的老酒一样，透出沁人心脾的香气；是因为在这座人均拥有约两辆自行车的大学城中，处处都能感受到现代的气息。这个人口不足30万的德国城市曾被联合国评为“世界上生活品质最高的城市”，被德国人视为北威州的一颗明珠。而这些荣誉的获得与明斯特市城市策划部的努力是分不开的。对于绝大多数中国人来说，“城市策划”这个词仍有些陌生。这个以设计城市形象为主要目标的概念在德国形成将近二十年时间，明斯特市虽然起步较晚，但成绩斐然。近日，该市的城市策划部部长贝尔纳戴特·施宾嫩接受了《环球时报》记者的专访，详细解释了城市策划部的功能。

特色太多反而失去了特色

环球时报：明斯特的城市策划部是如何成立的？

施宾嫩：从 1987 年，我们就开始为这个部门的成立做准备，前后花了四年的时间做前期的调查和考证。有了设想后，我们邀请专家学者从城市发展长期规划和城市可持续性发展上做理论探讨和研究，然后委托明斯特大学社会学系调查中心对市民进行问卷调查，把来自市民的反馈和我们的发展计划综合起来。

民调让我们发现了很多问题，比如城市定位模糊不清。这可能是很多城市在发展中都会存在却又被忽视的问题，推介自己的城市时，大家都会谈经济发展如何，有什么工业区，有什么科技园……列出一大堆城市头衔，想在一瞬间向对方展示出所有的一切。特色太多，反而失去了特色。拿我们最初的错误举例，由于随大流，明斯特作为高校、科研中心以及环保城市的特点被我们忽视了。发掘出这些特点，这让我们看到了城市策划能给城市长期发展带来巨大的经济和社会效益，也奠定了我们成立这个部门的决心。

环球时报：组建城市策划部的意义是什么？

施宾嫩：明斯特的特点是高校众多，我们确定了城市策划部的哲学理念是人本思想，关注的核心是市民，一切以市民满意为中心。因为打造的城市形象首先需要市民满意，才可能走出去，让更多人满意。

以前靠旅游部门来宣传城市明显受到很多限制，而且单从旅游的角度表现一个城市的特色很不全面，城市策划部的组建，就是对城市资源的优化组合和重新利用。我们打破了以前各个部门各司其职的局面，成功地将几大职能部门的资源连接到一块，实现了内部功能设置上的突破，产生新的效益。部门下设有多种机构，有旅游部、高校部、活动策划部、会议部、培训部门。各个部门之间的服务功能像网络一样交织在一起，而这些部门又分别和政府其他职能部门交织成网。比如旅游部，除了具有传统的食、住、行、游、购、娱的功能，和各个宾馆、饭店、景点也有联系外，和我们内部的其他部门都有联系。

在整个城市营造大学环境

环球时报：能举几个城市策划部成功的项目吗？

施宾嫩：拓展项目要从城市自身特点出发。明斯特是大学城，每 5 个市民中就有 1 个大学生，我们将高校资源和城市结合起来，成立了高校部，专门在城市里举办讲座，把教授从学校请到图书馆、书店、商场……整个城市就营造出了大学学习的环境。这向市民传达了一个信息，学习不仅仅在大学里，生活中也有很多获取知识、信息的方式。这样不仅能提高市民素质，也提升了我们的生活环境和品质。

我们的策划不仅仅面对本市市民，还开拓了新的领域。明斯特每年都举办“父母与孩子”大学生活体验活动。由市长亲自邀请 1 000 名大学生家长到明斯特来，与子女共同上课，在食堂共同就餐，认识了解这座城市，这个活动非常受欢迎，很多家长争相报名参加。这个创意曾获德国国家创意奖。而实现这样的创意需要各个部门本着满足大众需求的最终目的进行有效协作。

一个城市的建设和发展离不开市民的参与，激发大家的参与意识，不能仅仅提口号，而是要给大家提供更多认识和了解城市的机会，因为你只有认识自己的城市，才会觉得它可爱，才有参与的热情。很多人生活在一个城市，可能一辈子没去过博物馆，没机会了解城市发展史。每年仲夏，我们都举办免费参观城市四十多个博物馆的活动。这一天从下午 3 点到凌晨 3 点所有的博物馆免费开放，并配备专业讲解。如果要市民关注社会，就得为他们提供机会和平台。

另一些项目的开发和策划要以新闻敏感性为基础。比如德国家喻户晓的侦探连续剧《犯罪现场》，明斯特一直是它的拍摄基地。我们根据情节开辟了重温剧情的旅游项目，带大家参观拍摄的场景和使用的道具，很受游客欢迎。

环球时报：有人说明斯特有“五季”，这个第五个季节指的是什么？

施宾嫩：别的城市一年有四季，而我们明斯特有五季，这第五个季节就是我们的活动节。明斯特很多元化，市民来自 150 多个国家和地区，我们通过举办多彩的活动吸引大家参与到城市生活中来。明斯特每十年举办一次为期 3 个月的国际艺术节，今年是第四届。明斯特人口不足 30 万，而艺术节会吸引 50 多万游客。每次我们会邀请世界上最著名的艺术家到明斯特来，然后根据城市特点，在城市中建造大型雕塑或艺术品。这个艺术节不是静态的展览，城市本身是一个大舞台，参观者不仅是作为看客欣赏艺术品，还会在不自觉中成为某个作品的一部分。这是一个将文化、艺术、城市、人和谐融为一体的过程，这就是以人为本的思想的体现。

明斯特的主要特点是高等教育、培训、高科技研发和城市生活质量水平高，而这几个基本元素又为经济的发展创造了良好的条件和环境，也带动了很多相关的国际产业的发展。比如举办国际活动、交流培训和博览会等。这些活动既带动了城市经济的发展，也是很好的城市宣传。今年 5 月，欧盟在明斯特举办会议，我们可以说是把欧盟会场搬到了明斯特。除搭建了配有 30 个同声翻译的欧盟会议室等硬件外，我们还带领 200 多位欧盟负责人参观明斯特。

用国际性评比提高知名度

环球时报：明斯特人口不足 30 万，如何提高其国际知名度呢？

施宾嫩：我们通过参与国际性评比来提高城市的知名度和竞争力。参与这些大型的评比活动需要技巧——国际运作程序。明斯特参加 2004 年由联合国环境规划署和国际公园协会联合举办的“世界生活品质最高城市”评比，并在 20 万到 70 万人口的城市评比中获得金奖，与非政府部门的专业团队合作有很大帮助。以往，这类活动由政府部门独立承担，但在国际化的运作方式上还是有差距，最需要懂得国际运作程序的专业团队的帮助。通过参加国际大型的评比活动，我们获得了国际声誉，产生了更多经济和社会效益。比如来旅游的人多了，举办的国际会议和会展也多了。随着这些项目的增加，我们及时调整和增加相关的部门，会展部、会议部就是这个时候增设的。

环球时报：在城市策划方面是否存在认识误区?

施宾嫩：分清企业策划与城市策划的区别是城市管理的重要问题。企业主都很重视对企业的包装、策划，而城市领导者对城市的品牌包装策划往往没有一个明确的概念，他们往往借助媒体或各个部门内设的新闻部门来完成工作，实际上这是远远不够的。城市不同于企业，企业仅仅是一个经济体，因而追求的是利润的最大化，企业的股东对其评价也主要是从利润着眼。而城市不仅是经济系统，还是社会文化系统和生态系统。城市的经营，比之企业的经营来说，其外延要宽得多。我们设立了城市经理部，通过城市经理人经营城市，提高城市的辐射力、吸引力和综合服务能力，提高城市的教育文化水平、科学技术水平、道德素质水平和人们的生活质量水平。城市经理部是如何经营城市的呢?横向上，我们为城市各个部门之间合作搭建了一个生物链网络，连接城市的所有商业部门，由城市经理人来协调主持这个商业圆桌会议。纵向上，我们和市民、民间组织之间建立了网络系统和联系。

环球时报：在展开城市策划时，城市策划部是否有过失败的经历?

施宾嫩：并不是说我们所有的策划都会落实和执行，我们也遇到很多无法实施的项目。如果项目定位发生问题，市民们就会提出反对意见。比如我们曾提出在市中心增建商业购物中心的设想，并拟出了草案和方案，政府也初步同意，因为那儿的商业环境和条件太好，将会为城市的经济增长增加新亮点，结果市民极力反对，他们认为这样会破坏周围的绿化带。他们通过各种方式和我们部门讨论，结果这个计划最终流产。市民的积极参与对我们的工作来说也是巨大的挑战，他们的积极参与督促我们要有更多的创意和新的思路。

（《环球时报》）

34 “中华文化国际传播创新与实践学术研讨会”在德成功举行

由德国明斯特中国研究中心和中华文化学院联合举办的“中华文化国际传播创新与实践学术研讨会”近日在德国明斯特

袁莎副院长(右五)、吴剑平主任(右四)、王珍教授(右三)、林娅妮老师(右二)、董彪博士(右一)、马克主任(左五)、沈桂萍教授(左四)、周俊主任(左三)、陆瑞吉博士(左二)、佘惠桃老师(左一) 在研讨会上合影

大学落下帷幕。

中华文化学院成立于1997年，是唯一一所以“中华文化”命名的中央级教育机构，主要任务之一是面向港澳台同胞和海外华侨华人开展教育培训和文化交流。自2016年以来，中华文化学院全面推进教学科研改革，努力探索提升中华文化软实力、促进中华文明与世界文明互鉴互融的路径和方式，推出了一批研究成果，为学院在新时代背景下充分发挥作用开辟了新路径。

德国明斯特中国研究中心长期从事德中城市管理对比研究、中国城市国际品牌策划等工作，尤其在德中城市管理研究方面取得了许多前瞻性的成果。在中华文化对外传播领域，中心提出了很多基础性、前瞻性和战略性的观点，并做出了成功的实践案例：首次提出并实践用讲故事的方式介绍中国，策划出版了德国市场第一部中国城市童话故事《黄鹤楼童话故事》，并首次将社会学的调研决策机制运用到中华文化的对外传播中。

研讨会上，德国明斯特中国研究中心主任周俊博士以中国出版集团东方出版中心将要出版的《黄鹤楼童话故事——一个产生实效的讲好“中国城市故事”的创新模式》一书为案例，介绍了《黄鹤楼童话故事》创作团队在讲好中国故事、传播好中华文化中的实践和探索。与会代表踊跃发言，并对此案例做了深入研讨、分析和总结。

中华文化学院副院长袁莎说，《黄鹤楼童话故事》不仅通过调研决策机制的运用在精细化传播上做了有益的探索，而且在发挥传统文化的战略资源作用、通过文化传播破解世界认识中国的难题上做了成功的尝试，是在新的时代条件下实现中华文化的创造性转化和创新性发展非常好的值得学习借鉴的案例。

吴剑平主任强调了案例中提到的可持续性传播及传播能力推进在国际传播中的重要性问题。

董彪博士则从理论的高度分析总结了案例中使用的双向传播手段和融入“前理解”的巧妙方法，从而克服跨文化传播中的障碍，达到好的传播效果。

王珍教授、沈桂萍教授和林娅妮老师分别从国际传播如何从学院研究走向大众民间，如何将中国深奥的哲学理念通过通俗易懂图文并茂的形式表现出来以及文化传播从儿童抓起等方面，结合《黄鹤楼童话故事》作了深刻剖析。

明斯特市市长约克西(中)、袁莎副院长(右四)、周俊主任(右三)、吴剑平主任(左四)、马克主任(左三)等人在德国明斯特和平大厅合影

研讨会结束后，双方签署了战略合作意向书。德国明斯特大学社会学系常务主任马克博士说，文明因交流而多彩，文明因互鉴而丰富，希望双方合作在学术研究、智库建设、人才培养、创新实践等方面谱写出新的篇章。

明斯特市市长约克西对明斯特中国研究中心和中华文化学院的合作表示祝贺，并在明斯特和平大厅举行了隆重的欢迎仪式，欢迎以袁莎副院长为团长的一行。约克西市长说，今年是《威斯特发里亚和约》缔结370周年，和平与发展是当今时代的主题，在这个特殊的日子里，我们在和平大厅迎来了中国的客人，迎来了中华文化学院和明斯特中国研究中心的合作。双方通过文化的交流合作，推动中西方文明的互鉴互融和人类社会的进步，具有非常重要的价值和意义。

（中新网）

后　记

回想起这三年多来陪伴《黄鹤楼童话故事》走过的平凡又不平静的岁月，我一直心存感激，感谢全国政协主席俞正声、中宣部副部长崔玉英、文化部中外交流中心主任于芃、武汉市宣传部部长李述永、武汉市园林局和黄鹤楼风景管理处等各级领导及我的家人、朋友，在我最艰难的时候给予我最大的鼓励、支持和帮助。没有他们，德国市民至今无法读到这本来自中国的第一本城市童话故事，我们也无法完成一系列的创新试点。对此，我代表创作组表示最诚挚的谢意！

我知道，《黄鹤楼童话故事》仅仅是个起点，一个用心血、热情、激情和挚爱创造的美的起点，后面要走的路还很长！

朋友阎志在世界读书日那天问我，德国读书日都希望读什么书？我说，去年德国儿童读书节的时候，拉廷根的市长向德国小朋友朗读的是《黄鹤楼童话故事》，大家觉得效果很好，今年邀请我去给大家朗读。我给大家介绍了黄鹤楼的背景知识、武汉城市、中欧铁路及“一带一路”，这些都成为吸引大家的亮点。不仅如此，孔子学院和一些图书馆也向我们发出邀请，希望我们去朗读表演《黄鹤楼童话故事》。

我希望，在今后的读书节上，能涌现出更多更好的中国读物，而不是仅有《黄鹤楼童话故事》……

整理校对　周进　佘惠桃　周芹　周宇琪
丁玉婷　叶丹娜　李诗